Turan Kocabıyık

Borsalar Arasında Etkileşim: G-8 Ülkeleri ve Türkiye Üzerine Araştırma

Turan Kocabıyık

Borsalar Arasında Etkileşim: G-8 Ülkeleri ve Türkiye Üzerine Araştırma

Eşbütünleşme Analizi ve Vektör Hata Düzeltme Modeli ile Ampirik Bir Araştırma

Türkiye Alim Kitapları

Impressum / Yayınevi adı
Bibliografische Information der Deutschen Nationalbibliothek: Die Deutsche Nationalbibliothek verzeichnet diese Publikation in der Deutschen Nationalbibliografie; detaillierte bibliografische Daten sind im Internet über http://dnb.d-nb.de abrufbar.

Deutsche Nationalbibliothek tarafından yayınlanan bibliyografik bilgiler: Deutsche Nationalbibliothek, bu yayını Deutsche Nationalbibliografie'de listeler; detaylı bibliyografik bilgi İnternet'te http://dnb.d-nb.de sitesinde mevcuttur.

Coverbild / Kitap kapağı resmi: www.ingimage.com

Verlag / Yayıncı:
Türkiye Alim Kitapları
ist ein Imprint der / yayınevinin bir ticari markasıdır
OmniScriptum GmbH & Co. KG
Heinrich-Böcking-Str. 6-8, 66121 Saarbrücken, Deutschland / Almanya
Email / E-posta: info@turkiye-alim-kitaplary.com

Herstellung: siehe letzte Seite /
Basım yeri: son sayfaya bakın
ISBN: 978-3-639-67008-0

İÇİNDEKİLER

İKİNCİ BÖLÜM

ULUSLARARASI BORSALAR ARASINDAKİ ETKİLEŞİME SEBEP OLAN FAKTÖRLER

ÜÇÜNCÜ BÖLÜM

ULUSLARARASI BORSALARDA BİRLEŞME EĞİLİMLERİ

DÖRDÜNCÜ BÖLÜM

ULUSLARARASI BORSALAR ARASINDAKİ ETKİLEŞİME İLİŞKİN FİNANS YAZINI

SİMGELER VE KISALTMALAR

ABD	Amerika Birleşik Devletleri
ADF	Artırılmış Dickey-Fuller
AG	Aktiengesellschaft (Anonim Şirket)
a.g.e.	Adı Geçen Eser
a.g.m.	Adı Geçen Makale
a.g.t.	Adı Geçen Tez
AIC	Akaike Bilgi Kriteri
BIST	Borsa İstanbul
BM&F	Brazilian Mercantile and Futures Exchange
BVLP	Bolsa de Valores de Lisboa e Porta
C	Sabit (Constant)
CBOT	Chicago Board of Trade
CC&G	Cassa di Compensazione eGarenzia
CE	Eşbütünleşme Denklemi (Cointegration Equation)
CEE	Central and Eastern Europe
CEESEG	Central and Eastern Europe Stock Exchange Group
CMA	Credit Market Analysis
CME	Chicago Merchandise Exhange
D	Fark (Difference)
DJI	Dow Jones Industrial
DTB	Deutsche Terminborse
DTCC	Depository Trust & Clearing Organization
FTSE	Financial Times Stock Exchange Index
G-20	Dünya'nın Gayri Safi Milli Hâsılası En Yüksek 20 Ülkesini Kapsayan Grup
G-8	Dünya'nın Gayri Safi Milli Hâsılası En Yüksek 20 Ülkesini Kapsayan Grup
GAAP	Genel Kabul Görmüş Muhasebe İlkeleri
GARCH	Generalized AutoRegressive Conditional Heteroskedasticity
GMT	Greenwich Mean Time
IAS	Uluslararası Akreditasyon Hizmeti
IAS	Uluslararası Muhasebe Standartları
IFRS	Uluslararası Finansal Raporlama Standartları
ISE	International Securities Exchange
İMKB	İstanbul Menkul Kıymetler Borsası
JSCC	Japan Securities Clearing Corporation
KHK	Kanun Hükmünde Kararname
KOFEX	Korean Options and Futures Exchange
KOSDAQ	Korean Securities Dealers Automated Quotations

KSE	Korea Stock Exchange
KSX	Korea Exchange
LjSE	Ljubljana Stock Exchange
LSE	London Stock Exchange
Ltd	Limited Company
Max	Maksimum
MICEX	Moskova Bankalararası Nakit Borsası
NASDAQ	National Association of Securities Dealers Automated Quotations
No	Sayı (Number)
NV	Naamloze Vennootschap
NYMEX	New York Mercantile Exchange
NYSE	New York Stock Exchange
OMX	Aktiebolaget Optionsmäklarna/Helsinki Stock Exchange
P veya p	Olasılık (Probability)
Prob.	Olasılık (Probability)
PSE	Prag Stock Exchange
RTS	Russian Trading System
s.	Sayfa
S&P	Standart and Poors
S.A.	Corporation
SC	Schwartz Kriteri
SEC	Securities Exchange Commission
SFE	Sydney Futures Exchange
SM	Sürekli Müzayede
SOFFEX	Swiss Options and Financial Futures Exchange
SPK	Sermaye Piyasası Kurumu
Std.	Standart
TMX	Toronto Stock Exchange and Montreal Derivatives Exchange
TSE	Tokyo Stock Exchange
UFRS	Uluslararası Finansal Raporlama Standartları
US GAAP	Amerikan Genel Kabul Görmüş Muhasebe İlkeleri
USD	Amerikan Doları
VAR	Vector Autoregression
vd.	Ve Diğerleri
VECM	Vector Error Correction Model
£	İngiliz Sterlini
¥	Japon Yeni
ε	Hata terimi

ÇİZELGELER

ŞEKİLLER

ÖN SÖZ

Dünya'da uluslararası ticaretin, liberalleşmenin, haberleşme olanaklarının ve işbirliklerinin arttığı günümüzde borsalar arasındaki entegrasyonların da arttığı görülmektedir. Geldiğimiz bu noktada uluslararası borsaların birbirini etkileyip etkilemediği merak edilir bir konu haline gelmiştir. Bu çalışma ile uluslararası borsaların birbirini etkileme gücü araştırılmış ve G-8 ülkeleri ve Türkiye'yi içine alan ampirik bir çalışmanın sonuçları da ortaya konmuştur.

Bugüne kadarki eğitim hayatım boyunca üzerimde emeği olan tüm hocalarıma ve maddi manevi desteğini esirgemeyen başta annem olmak üzere tüm aileme çok teşekkür ederim.

Tanımaktan çok mutlu olduğum, doktora eğitimim sırasında beraber çalışma fırsatı yakaladığım, karşılaştığım güçlükleri aşmamda yardımını hiçbir zaman esirgemeyen değerli hocam ve danışmanım Prof. Dr. Şeref KALAYCI'ya çok teşekkür ederim.

Bu çalışmanın ortaya çıkması sırasında desteğini hep yanımda hissettiğim, hayatımı kolaylaştıran sevgili oğlum Can KOCABIYIK'a ve kıymetli eşim Canan KOCABIYIK'a en içten teşekkürlerimi sunarım.

GİRİŞ

Bu çalışmanın amacı G–8 ülkeleri ve Türkiye'nin hisse senetleri borsalarının birbirini etkileyip etkilemediğini, etkiliyorsa ne ölçüde etkilediğini ortaya koymaktır. Teknolojinin gelişmesi, haberleşme imkânlarının ve hızının artışı, ekonomilerde görülen serbestleşme, uluslararası ticaretin artışı bugün küreselleşme diye tanımladığımız dinamiği oluşturmuştur. Küreselleşme ile uluslararası yatırımcılar için yatırım yapma alanı oldukça genişlemiştir. Böylelikle ekonomiler arasında bütünleşme (entegrasyon) küreselleşmenin bir doğal sonucu olarak karşımıza çıkmaktadır.[1] Bu entegrasyon ülkelerarası yatırım akışlarının incelenmesini önemli kılmıştır. Bir borsadaki yatırımlarını sonlandıran yatırımcılar alternatif piyasalara yönelecektir. Benzer şekilde eş yönlü hareket eden piyasalar tespit edildiğinde bu piyasalardaki yatırımcıların gösterdikleri davranışların diğer piyasalarda da görülmesi mümkün olacaktır.

Aralık 2012 itibarıyla Borsa İstanbul'da yerli–yabancı hisse senedi saklama bilgileri incelendiğinde yabancı yatırımcı oranının % 67 iken yerli yatırımcı oranının % 33 olduğu görülmektedir.[2] Bu oran bize Borsa İstanbul'un dış piyasalarda olup bitenlerden bağımsız olamayacağını, Borsa İstanbul'un uluslararası bir yatırım platformu haline geldiğini, bunun doğal bir sonucu olarak da uluslararası etkileşime açık hale geldiğini göstermektedir.

Borsa İstanbul Yöneticileri global boyuttaki en önemli hedeflerinin, Türk Sermaye Piyasası'nda faaliyet gösteren tüm borsalara hizmet verecek ve bu kurumları entegre bir yapı içinde, ortak bir işlem platformuna taşıyabilecek çok ortaklı bir operasyon şirketi oluşturarak piyasalararası likiditenin konsolide edilmesi suretiyle sermaye

---

[1] Tankut Taner Çelik, "Etkin Piyasa Hipotezi ve Gelişmekte Olan Hisse Senedi Piyasalarında Eşhareketlilik", İstanbul Teknik Üniversitesi, Sosyal Bilimler Enstitüsü, (Yayımlanmış Doktora Tezi), İstanbul 2007, s. 53.

[2] *https://www.mkk.com.tr/wps/myportal/kyp/eVeri/UyrukBazindaHisseSenediSaklamaOranlari/,* (08.12.2012).

piyasamızın uluslararası rekabet gücünün artırılması olduğunu ve bu hedef doğrultusunda ideallerinin ülkemiz sermaye piyasası araçlarına uluslararası yatırımcıların erişimini sağlamak, yerli yatırımcıların yurtdışı piyasalara güvenli bir ortamda erişimine imkân vermek ve böylece İstanbul'un uluslararası bir finans merkezi olmasına en büyük katkıyı sağlamak olduğunu belirterek uluslararası yatırımlara ve yatırımcılara vurgu yapmaktadır.[3] Bu doğrultuda İstanbul Menkul Kıymetler Borsası şirketleşerek Borsa İstanbul adını almış ve 5 Nisan 2013 tarihinde faaliyetlerine başlamıştır.

Bugün globalleşme ile birlikte finansal piyasalar birbiriyle bağlantılı hale gelmiştir. Bu durum yatırımcıları, kârlarını artırmaları noktasında cesaretlendirmektedir. Para, getiri oranlarının düşük olduğu piyasalardan getiri oranlarının yüksek olduğu piyasalara kayabileceklerdir. Uluslararası borsalarda yatırımcılar benzer piyasalara yatırım yaptıklarında, uzun vadede uluslararası ürün çeşitlendirme kazancı sağlayamayacaklardır.[4]

Birbirleriyle ilişkileri olabileceği göz ardı edilemeyecek uluslararası borsalar ile ilgili son yirmi yıllık dönemde çok sayıda çalışma yapılmıştır.

Eşbütünleşme hisse senetleri piyasalarının uzun vadeli etkileşimini ortaya koyması açısından oldukça önemlidir. Bu nedensellik piyasa uzmanları ve yatırım politikalarını belirleyenler için hisse senedi getiri dinamikleri açısından yararlı bilgiler sağlamaktadır.[5] Geçmiş yıllarda yapılmış çalışmalarda açıkça ortaya çıkan durum şunu göstermektedir; artan entegrasyon, globalizasyon, liberalizasyon ve

---

[3] http://www.imkb.gov.tr/Publications/AnnualReports.aspx, (16.12.2010).

[4] İsmail Aktar, "Is there any Comovement Between Stock Markets of Turkey, Russia and Hungary?", *International Research Journal of Finance and Economics,* 2009, S. 26, s. 192.

[5] Michel Beine – Gunther Capella Blancard – Helena Raymond, "Nonlinear Causality between Stock Markets", *The European Journal of Finance International,* 2008, c. 14, S. 8, s. 663.

pazarların serbestleşmesi ile ülke borsaları arasındaki korelasyon aynı kalmamıştır hatta açıkça yükseldiği görülmüştür.[6]

Globalizasyon ve bilgi teknolojilerindeki gelişmeler hisse senetlerinin fiyatlarının oluşumunu anlamada gerekli uluslararası faktörlerin önemini artırmıştır. Yerel hisse senedi piyasalarının davranışlarını anlamada temel ekonomik meselelerin eskiye oranla daha fazla dikkate alınmasının bazı nedenleri vardır. İlk olarak, sermaye hareketliliği konusunda kontrollerin azalması, ülke sınırları dışında hisse senedi alım–satımlarının kolaylaşmasını sağlamış ve daha global borsaların oluşmasını sağlamıştır. İkinci olarak, büyük şirketler birden fazla piyasada işlem görmeye başlamıştır. Üçüncü olarak, denizaşırı ülkelerde birleşmelerin ve şirket satın almaların artması şirketlerin toplam kârları içinde denizaşırı faaliyetlerden elde edilen kârın önemli bir paya dönüşmesini sağlamıştır. Dördüncü olarak, internet yatırımcıların yabancı şirketlerle ilgili bilgi toplamasını kolaylaştırmıştır. Böylelikle yatırımcılar farklı ülkelerden benzer alanlarda faaliyet gösteren şirketleri karşılaştırma olanağı bulmaktadır.[7]

Saydığımız nedenler, eşbütünleşme çalışmalarının yapılmasını cesaretlendirmektedir. Menkul kıymet borsalarının birbirini etkileme gücü olasılığı göz ardı edilemeyecek bir unsur olarak karşımıza çıkmaktadır. Bu çalışmayla Türkiye ve G–8 ülkelerinden, işlem hacmi açısından önemli bir konuma sahip, menkul kıymet borsalarının birbirini etkileme gücü zaman serileri ile analiz edilecektir. Analiz sırasında borsaların genel görünümü yansıtma becerisine sahip ve yatırımcılar tarafından gösterge olarak kullanılan endeksler kullanılacaktır.

---

[6] Nedal A. Al-Fayoumi – Basheer Ahmad Khamees – Ali A. Al-Thuneibat, "Information Transmission among Stock Return Indexes:Evidence from the Jordanian Stock Market", *International Research Journal of Finance and Economics,* 2009, S. 24, s. 194.

[7] Manuela Croci, "An Empirical Analysis of International Equity Market Co–Movements: Implications for Informational Efficiency", Università Politecnica Delle Marche, Dipartimento Di Economia, 2003, s. 1.

Borsaların birbirini etkileme gücü Croci (2003), Beine, Blancard ve Raymond (2008), Mavrakis ve Alexakis (2008), Liu, Pan ve Shieh (1998), Cha ve Oh (2000), Cerny (2004) ve Al-Fayoumi, Khamess ve Al-Thuneibat (2009) tarafından incelenmiştir. Bu çalışmalarda Türkiye yer almamıştır. Çelik (2007), Aktar (2011), Berument ve İnce (2005) ve Darrat ve Benkato (2003) Türkiye'yi içine alan çalışmalar yapmışlar fakat bu çalışmalar çoğunlukla Türkiye ve gelişmekte olan ülkeleri kapsamaktadır. Literatürde G-8 ülkeleri ve Türkiye'yi içine alan bir çalışmaya rastlanmamıştır. Bu bağlamda bu çalışma öncü nitelikte bir çalışmadır. Bu çalışmada öncelikle G-8 ülkelerinden borsalar ve Borsa İstanbul eşbütünleşme analizine bir bütün olarak dahil edilmiş ve ortaya çıkan ilişki incelenmiştir. Ardından da Borsa İstanbul bağımlı değişken ve diğer ülke borsaları sırasıyla bağımsız değişken olarak ikili eşbütünleşme testi yapılmıştır. Çalışma bu boyutuyla geçmişte yapılmış çalışmalardan farklılık göstermektedir.

Bu araştırma hem bireysel hem de kurumsal yatırımcılar açısından önemlidir. Uluslararası yatırımcılar portföylerine ekleyecekleri yatırım araçlarını çeşitlendirirken eşbütünleşme içinde olan borsaları ve birbiriyle etkileşim içinde olmayan borsaları göz önünde bulunduracaklardır. İki borsa arasında eşbütünleşme söz konusu değilse bu borsalar birbirinin alternatifi olabilir, portföy çeşitlendirmesi ve arbitraj imkanı vardır. Eşbütünleşme tespit edilirse, borsalar arasında portföy çeşitlendirmesinin ve arbitraj imkanının olmadığı ortaya çıkar.

Çalışmanın birinci bölümünde, G–8 borsaları ve Borsa İstanbul ile ilgili makroekonomik verilere ve ülkeler düzeyinde bilgilere yer verilmiştir. Araştırmaya konu olan ülkeler ve borsalar; Kanada'dan TMX Grup, Fransa'dan NYSE Euronext Paris, Almanya'dan Deutsche Borsa, İtalya'dan Borsa Italiana, Japonya'dan Tokyo Hisse Senetleri Borsası, Rusya'dan Moskova Borsası, Türkiye'den Borsa İstanbul, İngiltere'den Londra Hisse Senetleri Borsası ve ABD'den NYSE Euronext (Amerika)'dir.

Çalışmanın ikinci bölümünde, uluslararası borsalar arasındaki etkileşime sebep olan faktörler ortaya konmuştur. Para ve sermaye piyasalarının liberalleşmesi ve globalleşme, iletişim ve ulaşım olanaklarının gelişmesi, bilgi teknolojilerindeki gelişmeler, para ve sermaye piyasalarındaki kısıtlamaların gevşetilmesi ve uluslararası ticaretin artışı bu bölümde incelenen faktörlerdir.

Çalışmanın üçüncü bölümünde uluslararası borsalarda birleşme eğilimleri incelenmiştir. Bu bölümde borsaların şirketleşmesi, halka arzı ve birleşmeleri üzerinde durulmuştur.

Dördüncü bölümde, uluslararası borsaların birbirini etkilemesi ile ilgili yapılmış akademik çalışmalara yer verilmiştir. Akademik çalışmalar içeriklerine göre sınıflandırılarak sunulmuştur.

Beşinci bölümde, uluslararası borsaların birbirini etkileme gücünün ölçülmesinde kullanılan zaman serisi modelleri incelenmiştir. Zaman serilerinde durağanlık, zaman serilerinde eşbütünleşme analizleri ve zaman serilerinde vektör hata düzeltme modeli bu bölümde anlatılmıştır.

Çalışmanın altıncı bölümünde Türkiye ve G-8 ülkeleri hisse senetleri borsalarının birbirini etkileme gücünün analizi ampirik bir çalışma ile sunulmuştur.

Yedinci ve son bölümde ise çalışma ile ilgili genel değerlendirme yapılmış ve çalışmanın sonuçları ortaya konmuştur.

BİRİNCİ BÖLÜM

TÜRKİYE ve G–8 ÜLKELERİNİN MENKUL KIYMET BORSALARI İLE İLGİLİ GENEL BİLGİLER

Borsaların başlangıç tarihi çok eski olup bu tarih pazar ve panayırlara kadar dayanmaktadır. İlk borsaların temeli kıymetli madenlerin alım–satımı ile atılmış ve bu meslek sarraflık şeklinde gelişmiştir. Zamanla kıymetli madenlerin alım–satımı, aracıların da devreye girmesiyle genişlemiş, kredi belgeleri ile ticari senetlerin alınıp satıldığı bir piyasaya dönüşmüştür. Avrupa'da ilk borsa 1487 yılında Anvers şehrinde (Belçika) kurulmuştur. 16. yüzyılda bunun yerini Amsterdam Borsası almıştır. Yüzyılın sonlarına doğru Lyon'da ve bunu takiben diğer Fransız şehirlerinde borsaların kurulduğunu görüyoruz.[8]

Menkul değerlerin alınıp satıldığı bir piyasa Londra'da mevcut ise de, bunun başlangıç tarihi kesin olarak saptanamamıştır. Fakat 1770 yılında bu tür menkul değerlerin alınıp satıldığı bir kahvehanenin üstüne menkul kıymetler borsası anlamına gelen "The Stock Exchange" levhası asılmış ve buraya giriş ücrete tabi tutulmuş ve ilk borsa doğmuştur.[9] Londra Menkul Kıymetler Borsası'nın temeli 1801 yılında atılmış ve bina 1802 yılının başlarında çalışmaya başlamıştır. Fakat Londra Menkul Kıymetler Borsası'nın yasal kuruluşu 1875 yılında olmuştur.

New York Menkul Kıymetler Borsası Amerika ve Kanada'da mevcut diğer menkul kıymetler borsalarının prototipi olup gönüllü olarak kurulmuş, fakat üyelerin meydana getirdiği şirketleşmemiş bir kuruluştur. Yönetim kurallarını kendi belirlemekle beraber, 1934 yılından beri Securities Exchange Commission denetimine tabi bulunmaktadır. 1938 yılında Conway komitesinin raporuna göre New York Menkul Kıymetler Borsası'nın kuruluş ve çalışma düzeninde büyük bir reform

---

[8] İMKB, *Borsa Temel Bilgiler Kılavuzu,* İMKB Yayınları, İstanbul, 2008, s. 6.

[9] İMKB, *a.g.e.,* s. 6.

yapılmış ve Borsa yönetimi, üye olmayan maaşlı, tam gün esasına göre çalışan bir başkanın idaresine bırakılmıştır. New York Menkul Kıymetler Borsası, New York'un iş merkezi Wall Street üzerine kurulmuştur.[10]

Ayrıca Japonya'da Tokyo Borsası 1878 yılında, Rusya'da MICEX Borsası 1992 yılında, İtalya'da Milan Borsası 1808 yılında, Almanya'da Frankfurt Borsası 1585 yılında, Fransa'da Paris Borsası 1801 yılında, Kanada'da Toronto Borsası 1852 yılında kurulmuştur.

G-8 ülkelerinin borsaları dünyanın en büyük borsaları sıralamalarında en üst sıralarda yer alırlar. Ayrıca, G-8 ülkelerinde meydana gelen ekonomik olaylar diğer ekonomiler tarafından da takip edilmektedir. 2007 Amerika Krizi bunun en iyi göstergesidir. Bu nedenlerle G-8 ülkelerinin borsaları araştırmaya konu edilmiştir.

Bu bölümde öncelikle, uluslararası borsalarla ilgili makroekonomik verilere ve bunlara ilişkin tablolara yer verilecektir. Ardından da G–8 ülkeleri ve Türkiye'nin önemli menkul kıymet borsaları ile ilgili bilgilere yer verilecektir.

1.1.MAKROEKONOMİK VERİLERLE G-8 ÜLKE BORSALARI

Bu bölümde borsalara ilişkin makroekonomik veriler sunulacaktır.

1.1.1. Borsaların Toplam Piyasa Değerleri

Dünya borsalarında işlem gören borsa şirketlerinin toplam piyasa değerleri Çizelge 1-1'de gösterilmektedir. 2011 sonu itibarıyla ilk sırayı NYSE Euronext (ABD) almıştır. Tokyo Hisse Senetleri Borsası ikinci ve Londra Hisse Senetleri Borsası üçüncü sıradadır. Çizelgede en son sırayı 197.074 milyon $ ile Borsa İstanbul almıştır. Dikkat çekici diğer bir nokta ise 2000 ile 2011 karşılaştırmasında en fazla

---

[10] Mehmet Civan, *Sermaye Piyasası Analizleri ve Portföy Yönetimi*, Gazi Kitabevi, Ankara, 2007, s. 169.

yüzdesel artış; % 183 ile Borsa İstanbul'da, ardından da % 148 ile Kanada'da bulunan TMX Grup Borsası'nda meydana gelmiştir. Çizelge'de negatif tek değişim % 7 ile Deutsche Borsa'da meydana gelmiştir. 2010 ile 2011 verilerine bakıldığında ise tüm borsalarda negatif yönlü bir değişim görülmektedir. 2011 yılında Çizelge 1-1'de belirtilen borsalarda işlem gören borsa şirketlerinin toplam piyasa değerlerinde bir azalma meydana gelmiştir.

Çizelge 1-2'de, ülke bazında borsa şirketlerinin piyasa değerleri toplamı verilmektedir. Çizelge 1-1'de araştırmaya konu olan ülkelerden seçilen borsalara ilişkin veriler sunulurken Çizelge 1-2'de araştırmaya konu olan ülkelerde bulunan tüm hisse senedi borsalarının toplam piyasa değerleri sunulmuştur. Çizelge 1-2'ye göre, 2011 yılında ilk sırada Amerika Birleşik Devletleri yer alır. Amerika Birleşik Devletleri'nde bulunan hisse senedi borsalarının toplam piyasa değeri 15.640.707 milyon $'dır. İkinci sırayı Japonya, üçüncü sırayı ise Kanada almaktadır. Yine 2011 yılı verilerine göre son sırayı Türkiye almaktadır. 1988 ile 2011 yıllarını karşılaştırdığımızda Türkiye'nin tek hisse senetleri borsası olan Borsa İstanbul'un piyasa değeri 2011 yılında 1988 yılına göre yaklaşık 177 kat artış göstermiştir.

Şekil 1-1'de ülke bazında borsa şirketlerinin piyasa değerleri toplamının grafiği sunulmuştur.

Çizelge 1-1 Borsa Şirketlerinin Toplam Piyasa Değeri (Milyon Dolar)

	Borsa	Ülke	2011	2010	2005	2000	% Değişim 2011/2000
1	NYSE Euronext (Amerika)	ABD	11.795.575	13.394.082	13.310.592	11.534.613	2%
2	Tokyo Hisse Senetleri Borsası	Japonya	3.325.388	3.827.774	4.572.901	3.157.222	5%
3	Londra Hisse Senetleri Borsası	İngiltere	3.266.418	3.613.064	3.058.182	2.612.230	25%
4	NYSE Euronext Paris	Fransa	2.446.767	2.930.072	2.706.803	2.269.571	8%
5	TMX Grup	Kanada	1.912.122	2.170.433	1.482.184,6	770.116	148%
6	Deutsche Börse	Almanya	1.184.500	1.429.719	1.221.106	1.270.243	-7%
7	MICEX*	Rusya	770.609	949.149			
8	İstanbul Menkul Kıymetler Borsası	Türkiye	197.074	302.443	161.538	69.659	183%
9	Borsa Italiana**	İtalya			798.073	768.363	

Kaynak:http://www.world-exchanges.org/statistics/annual, (14.01.2013)
* MICEX 2005 ve 2000 yılı verilerine ulaşılamamıştır.
** Borsa İtaliana ve Londra Hisse Senetleri Borsası 2007 yılında birleşmişlerdir. Bu tarihten sonraki Borsa İtaliana verileri Londra Hisse Senetleri Borsası Verilerine dahil edilmiştir.

Çizelge 1-2 Ülke Bazında Borsa Şirketlerinin Piyasa Değeri (Milyon $)

Ülke Adı	2011	2010	2005	2000	1995	1990	1988
ABD	15.640.707	17.138.978	16.970.865	15.104.037	6.857.622	3.060.000	2.790.000
Japonya	3.540.685	4.099.591	4.736.513	3.157.222	3.667.292	2.920.000	3.910.000
Kanada	1.906.589	2.160.229	1.480.891	841.385	366.344	242.000	242.000
Fransa	1.568.730	1.926.488	1.758.721	1.446.634	522.053	314.000	245.000
İngiltere	1.202.031	3.107.038	3.058.182	2.576.992	1.407.737	849.000	771.000
Almanya	1.184.459	1.429.707	1.221.250	1.270.243	577.365	355.000	252.000
Rusya	796.376	1.004.525	548.579	38.922	15.863	-	-
İtalya	431.471	318.140	798.167	768.364	209.522	149.000	135.000
Türkiye	201.817	306.662	161.537	69.659	20.772	19.100	1.140

Kaynak: http://data.worldbank.org/indicator/CM.MKT.LCAP.CD?display=default, (16.01.2013)

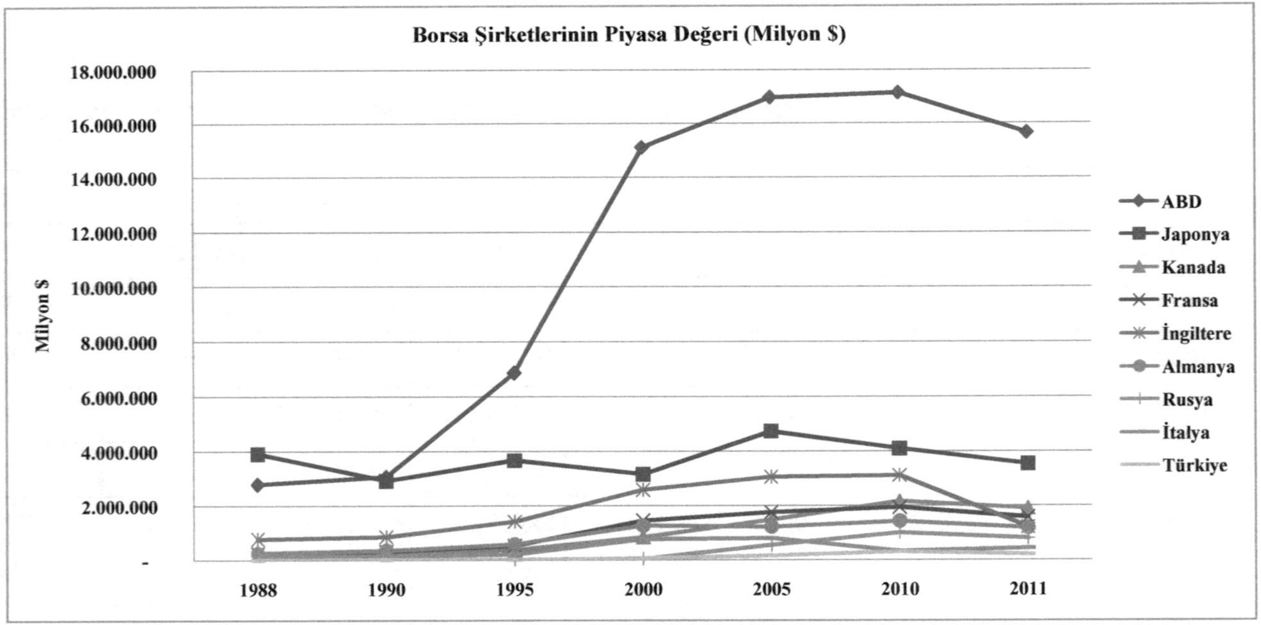

Şekil 1-1 Ülke Bazında Borsa Şirketlerinin Piyasa Değeri (Milyon $)

Kaynak: http://data.worldbank.org/indicator/CM.MKT.LCAP.CD?display=default, (16.01.2013)

Çizelge 1-3 Şirket Sayıları

	Borsa	Ülke	2011			2010			2005			2000		
			Toplam	Yerli Şirketler	Yabancı Şirketler	Toplam	Yerli Şirketler	Yabancı Şirketler	Toplam	Yerli Şirketler	Yabancı Şirketler	Toplam	Yerli Şirketler	Yabancı Şirketler
1	TMX Grup	Kanada	3.945	3.845	100	3.741	3.654	87	3.758	3.719	39	1.421	1.379	42
2	Londra Hisse Senetleri Borsası	İngiltere	2.886	2.288	598	2.966	2.362	604	3.091	2.757	334	2.374	1.926	448
3	NYSE Euronext (Amerika)	ABD	2.308	1.788	520	2.317	1.799	518	2.270	1.818	452	2.862	2.429	433
4	Tokyo Hisse Senetleri Borsası	Japonya	2.291	2.280	11	2.293	2.281	12	2.351	2.323	28	2.096	2.055	41
5	NYSE Euronext Paris	Fransa	1.112	969	143	1.135	983	152	1.259	966	293	966	808	158
6	Deutsche Börse	Almanya	746	670	76	765	690	75	764	648	116	989	744	245
7	İstanbul Menkul Kıymetler Borsası	Türkiye	363	362	1	339	338	1	304	304	0	316	315	1
8	MICEX*	Rusya	284	283	1	250	249	1						
9	Borsa Italiana**	İtalya							282	275	7	297	291	6

Kaynak: http://www.world-exchanges.org/statistics/annual, (14.01.2013)

* MICEX 2005 ve 2000 yılı verilerine ulaşılamamıştır.
** Borsa İtaliana ve Londra Hisse Senetleri Borsası 2007 yılında birleşmişlerdir. Bu tarihten sonraki Borsa İtaliana verileri Londra Hisse Senetleri Borsası Verilerine dahil edilmiştir.

1.1.2. Borsalarda İşlem Gören Şirket Sayıları

Çizelge 1-3 araştırmaya konu olan borsalarda işlem gören şirket sayılarını 2000, 2005, 2010 ve 2011 yılları itibarıyla vermektedir. 2011 sonu itibarıyla toplamda en çok şirket 3945 ile Kanada'da TMX Grup bünyesinde yer almaktadır. Kanada'yı 2886 şirket ile İngiltere ve 2308 şirket ile ABD takip etmektedir. Bu tabloda son sırayı 284 şirket ile Rusya alırken, Türkiye'de 363 şirket Borsa İstanbul bünyesinde işlem görmektedir.

Şirket sayıları yerli–yabancı noktasında ele alındığında yabancı şirketin en çok kote olduğu borsa Londra Hisse Senetleri Borsası, en az olduğu borsalar ise birer yabancı şirket ile Borsa İstanbul ve MICEX'tir. Dikkat çekici bir diğer nokta ise toplam şirket sayısında Tokyo Hisse Senetleri Borsası 2291 şirket ile 4. sırada yer alırken, sadece 11 yabancı şirket Tokyo Hisse Senetleri Borsası'nda işlem görmektedir.

1.1.3. Borsaların Yıllık Toplam İşlem Hacimleri

Çizelge 1-4 borsaların yıllık toplam işlem hacimlerini $ bazında göstermektedir. 2011 sonu itibarıyla, en yüksek işlem hacmi Amerika'da NYSE Euronext'te gerçekleşmiştir. Bu borsayı sırasıyla Tokyo Hisse Senetleri Borsası, Londra Hisse Senetleri Borsası, NYSE Euronext Paris, Deutsche Börse, TMX Grup, MICEX ve Borsa İstanbul izlemiştir. 2000 yılı işlem hacmi ve 2011 yılı işlem hacmi karşılaştırıldığında en yüksek artış % 142 ile TMX Grup Borsası ile Kanada'da gerçekleşmiştir. TMX Grup'u % 128 ile Borsa İstanbul takip etmiştir. Dikkat çekici bir diğer nokta ise; belirtilen dönemde Londra Hisse Senetleri Borsası'nda yıllık toplam işlem hacimleri % 38 azalma göstermiştir.

Çizelge 1-4 Yıllık Toplam İşlem Hacimleri (Milyon Dolar)

	Borsa	2011			2010			2005			2000		
		Toplam	Yerli Şirketler	Yabancı Şirketler	Toplam	Yerli Şirketler	Yabancı Şirketler	Toplam	Yerli Şirketler	Yabancı Şirketler	Toplam	Yerli Şirketler	Yabancı Şirketler
1	NYSE Euronext (Amerika)	18.027.080	16.332.300	1.694.780	17.795.600	16.059.489	1.736.112	14.125.292	12.891.062	1.234.230	11.060.046	9.918.150	1.141.896
2	Tokyo Hisse Senetleri Borsası	3.986.204	3.985.895	309	3.792.715	3.792.005	710	496.798.835	496.486.039	312.796	2.315.502	2.314.875	627
3	Londra Hisse Senetleri Borsası	2.825.662	2.434.992	390.670	2.749.533	2.484.519	265.014	3.131.689	1.757.127	1.374.562	4.558.663	1.889.541	2.669.122
4	NYSE Euronext Paris	2.125.422	2.119.321	6.101	2.022.207	2.014.424	7.783	2.345.528	2.241.037	104.491	1.064.866	1.054.476	10.390
5	Deutsche Börse	1.750.853	1.694.604	56.250	1.632.062	1.470.006	162.056	1.545.794	1.412.105	133.690	2.119.785	1.798.462	321.323
6	TMX Grup	1.541.147	1.522.006	19.141	1.366.301	1.348.482	17.818	1.090.910	1.088.946	1.964	636.535	635.544	992
7	MICEX*	514.706	514.361	345	407.579	407.572	8						
8	İstanbul Menkul Kıymetler Borsası	405.136	404.753	383	410.609	410.338	270	269.970	269.970	0	178.998	178.998	0
9	Borsa Italiana**							1.044.099	982.358	61.740	1.019.625	989.554	30.072

Kaynak: http://www.world-exchanges.org/statistics/annual, (14.01.2013)

* MICEX 2005 ve 2000 yılı verilerine ulaşılamamıştır.
** Borsa İtaliana ve Londra Hisse Senetleri Borsası 2007 yılında birleşmişlerdir. Bu tarihten sonraki Borsa İtaliana verileri Londra Hisse Senetleri Borsası Verilerine dahil edilmiştir.

1.1.4. Borsaların Günlük Ortalama İşlem Hacimleri

Çizelge 1-5 G–8 ülkeleri ve Türkiye'nin günlük ortalama işlem hacimlerini göstermektedir. Burada günlük ortalama işlem hacimleri bulunurken bir yılda gerçekleşen toplam işlem hacmi iş günü sayısına bölünmüştür. Bu çizelgede ilk sırayı 71,5 milyar dolar ile NYSE Euronext (Amerika) almıştır. NYSE Euronext (Amerika) çizelgede belirtilen tüm yıllarda ilk sırayı almıştır. 2000 yılından 2011 yılına gelindiğinde NYSE Euronext (Amerika) Borsası günlük ortalama işlem hacmi % 63 artış göstermiştir. Bu çizelgede 2000 ve 2011 yılları karşılaştırıldığında TMX Grup % 143 ve Borsa İstanbul % 120 artış gösterirken, Londra Hisse Senetleri Borsası'nda % 39'luk bir azalma tespit edilmiştir. 2011 yılında günlük ortalama işlem hacminin en düşük olduğu borsa 1,6 milyar dolar ile Borsa İstanbul'dur.

Çizelge 1-5 Günlük Ortalama Hacim* (Milyon Dolar)

	Borsa	**Ülke**	**2011**	**2010**	**2005**	**2000**
1	Tokyo Hisse Senetleri Borsası	Japonya	16.270	15.480	18.293	9.337
2	MICEX*	Rusya	2.075	1.643		
3	Borsa İstanbul	Türkiye	1.601	1.642	791	728
4	Borsa Italiana**	İtalya			5.053	4.014
5	Deutsche Börse	Almanya	6.813	6.375	7.453	8.346
6	NYSE Euronext Paris	Fransa	8.270	7.838	11.308	4.209
7	Londra Hisse Senetleri Borsası	İngiltere	11.081	10.782	22.531	18.090
8	NYSE Euronext (Amerika)	ABD	71.536	70.617	56.053	43.889
9	TMX Grup	Kanada	6.165	5.443	3.588	2.536

* Bir yılda gerçekleşen toplam işlem hacminin iş günü sayısına bölünmesi ile hesaplanmıştır.

Kaynak: http://www.world-exchanges.org/statistics/annual, (14.01.2013)

* MICEX 2005 ve 2000 yılı verilerine ulaşılamamıştır.
** Borsa İtaliana ve Londra Hisse Senetleri Borsası 2007 yılında birleşmişlerdir. Bu tarihten sonraki Borsa İtaliana verileri Londra Hisse Senetleri Borsası verilerine dahil edilmiştir.

1.1.5. Borsaların Ortalama İşlem Değerleri

Çizelge 1-6 borsaların ortalama işlem değerlerini göstermektedir. Ortalama işlem değeri parasal olarak gerçekleşen işlem hacminin toplam işlem sayısına bölünmesi ile bulunmaktadır. Çizelgedeki veriler incelendiğinde ortalama işlem değeri açısından Deutsche Börse ilk sırada yer almaktadır. Bu borsadaki ortalama her bir işlemin değeri 13,6 bin $'dır. Londra Hisse Senetleri Borsası'nda 11,9 bin $ ve Tokyo Hisse Senetleri Borsası'nda 11,7 bin $'dır. Borsa İstanbul'da 2011 verilerine göre her bir işlemin ortalama işlem değeri 4 bin $ olarak tespit edilmiştir.

Çizelge 1-6 Ortalama İşlem Değerleri* (Bin Dolar)

	Borsa	Ülke	2011	2010	2005	2000
1	Tokyo Hisse Senetleri Borsası	Japonya	11,7	11,3		
2	MICEX*	Rusya	4,2	3,7		
3	Borsa İstanbul	Türkiye	4,0	5,1	4,5	5,5
4	Borsa Italiana**	İtalya			27,3	17,4
5	Deutsche Börse	Almanya	13,6	16,3	21,8	31,2
6	NYSE Euronext Paris	Fransa	10,1	11,2	37,1	21,7
7	Londra Hisse Senetleri Borsası	İngiltere	11,9	13,3	85,7	184,9
8	NYSE Euronext (Amerika)	ABD	9,8	8,7	11,6	50,0
9	TMX Grup	Kanada	6,9	6,9	15,4	19,4
* Parasal olarak gerçekleşen işlem hacminin toplam işlem sayısına bölünmesi ile bulunmuştur.						

Kaynak:http://www.world-exchanges.org/statistics/annual, (14.01.2013)

* MICEX 2005 ve 2000 yılı verilerine ulaşılamamıştır.
** Borsa İtaliana ve Londra Hisse Senetleri Borsası 2007 yılında birleşmişlerdir. Bu tarihten sonraki Borsa İtaliana verileri Londra Hisse Senetleri Borsası verilerine dahil edilmiştir.

1.1.6. Borsalarda Yıl Bazında İşlem Günleri

Çizelge 1-7 uluslararası borsalarda yıllar itibarıyla işlem günü sayılarını göstermektedir. G–8 ülkelerinin ortalaması alındığında iş günü ortalaması 2011 ve 2010 yılları için 252'dir. Türkiye'de borsanın çalıştığı işlem günü 2011 yılı için 252 ve 2010 yılı için 250'dir. En çok çalışan borsalar 257 gün ile Fransa Borsası NYSE Euronext Paris ve Deutsche Börse'dır. 2011 yılında işlem günü anlamında en az çalışan borsa ise 245 gün ile Japonya'dan Tokyo Hisse Senetleri Borsası'dır.

Çizelge 1-7 Yıl Bazında İşlem Günü Sayıları

	Borsa	**Ülke**	**2011**	**2010**	**2005**	**2000**
1	Tokyo Hisse Senetleri Borsası	Japonya	245	245	245	248
2	MICEX*	Rusya	248	248		
3	Borsa İstanbul	Türkiye	253	250	254	246
4	Borsa Italiana**	İtalya			256	254
5	Deutsche Börse	Almanya	257	256	257	254
6	NYSE Euronext Paris	Fransa	257	258	257	253
7	Londra Hisse Senetleri Borsası	İngiltere	255	255	252	252
8	NYSE Euronext (Amerika)	ABD	252	252	252	252
9	TMX Grup	Kanada	250	251	251	251

Kaynak:http://www.world-exchanges.org/statistics/annual, (14.01.2013)

* MICEX 2005 ve 2000 yılı verilerine ulaşılamamıştır.
** Borsa İtaliana ve Londra Hisse Senetleri Borsası 2007 yılında birleşmişlerdir. Bu tarihten sonra Borsa İtaliana ve Londra Hisse Senetleri Borsası, Grup olarak hareket etmektedir.

1.1.7. Borsaların Bulundukları Şehirler ve İşlem Saatleri

Çizelge 1-8'de 2012 yılı itibarıyla araştırmaya konu olan borsaların sırasıyla isimleri, bulundukları şehirler ve işlem saatlerine yer verilmiştir.

Çizelge 1-8 Borsalar, Bulundukları Şehirler ve İşlem Saatleri

Sıra No	Borsa Adı	Bulunduğu Şehir	İşlem Saatleri
1	Tokyo Hisse Senetleri Borsası	Tokyo	09:00–11:30 12:30–15:00
2	MICEX	Moskova	10:30–18:45
3	Borsa İstanbul	İstanbul	09:15–12:30 14:00–17:40
4	Borsa Italiana	Milano	09:10–17:25
5	Deutsche Börse	Frankfurt	09:00–20:30
6	NYSE Euronext Paris	Paris	09:00–17:30
7	Londra Hisse Senetleri Borsası	Londra	08:00–16:35
8	NYSE Euronext (Amerika)	New York	09:30–16:00
9	TMX Grup	Toronto	09:30–16:00

Kaynak: http://www.world–exchanges.org/member–exchanges/key–information, (05.03.2012).

1.1.8. Borsalarda Takas Süreleri ve Takas Kuruluşları

Çizelge 1-9'da uluslararası borsalarda takas işlemlerinin ne kadar zamanda gerçekleştiği ve takas işlemlerinin hangi kuruluş tarafından gerçekleştirildiği gösterilmiştir. Takas işlemleri sadece MICEX'de işlem günü gerçekleştirilirken diğer borsalarda işlem gününden bir gün sonra, iki gün sonra veya 3 gün sonra olarak gerçekleştirilebilmektedir.

Çizelge 1-9 Borsalarda Takas Süreleri ve Takas Kuruluşları

Sıra No	Borsa Adı	Takas Günü	Takas Kuruluşu
1	Tokyo Hisse Senetleri Borsası	T+3	Japan Securities Clearing Corp. (JSCC)
2	MICEX	T+0	National Clearing Center
3	Borsa İstanbul	T+2	Takasbank
4	Borsa Italiana	T+3	Cassa di Compensazione e Garanzia (CC&G); Monte Titoli
5	Deutsche Börse	T+2	Eurex Clearing and Clearstream International SA
6	NYSE Euronext Paris	T+3	Clearnet SA
7	Londra Hisse Senetleri Borsası	T+3 T+1	CREST Euroclear/Cedel/Local Systems
8	NYSE Euronext (Amerika)	T+3	DTCC – Depositary Trust & Clearing Organization
9	TMX Grup	T+3	Canadian Depository for Securities Ltd

Kaynak: http://www.world–exchanges.org/member–exchanges/key–information, (05.03.2012).

1.1.9. Borsalar Arasındaki Saat Farkları

Çizelge 1-10'da borsaların bulunduğu şehirler ile Greenwich Mean Time (GMT: Başlangıç meridyenin bulunduğu nokta) arasındaki saat farklılıkları gösterilmiştir. GMT ile Tokyo arasında 9 saat fark bulunurken, GMT ile New York ve Toronto arasında 5 saat fark vardır. Yani Tokyo ile New York ve Toronto arasında 14 saat fark bulunmaktadır. Tokyo güne en erken başlayan şehir iken bu şehri sırasıyla Moskova, İstanbul, Milano, Frankfurt, Paris, Londra, New York ve Toronto takip etmektedir.

Çizelge 1-10 Borsalar ile GMT Arasındaki Saat Farkları

Sıra No	Borsa Adı	Bulunduğu Şehir	Saat Farkları
1	Tokyo Hisse Senetleri Borsası	Tokyo	+9
2	MICEX	Moskova	+4
3	Borsa İstanbul	İstanbul	+2
4	Borsa Italiana	Milano	+1
5	Deutsche Börse	Frankfurt	+1
6	NYSE Euronext Paris	Paris	+1
7	Londra Hisse Senetleri Borsası	Londra	0
8	NYSE Euronext (Amerika)	New York	–5
9	TMX Grup	Toronto	–5

Kaynak: http://www.timeanddate.com/worldclock/ (27.02.2012).

Şekil 1-2 Ülke borsalarının GMT saatiyle işlem saatlerini göstermektedir. Bu şekil ile borsaların kesişen veya kesişmeyen çalışma saatleri görülmektedir. Tokyo Hisse Senetleri Borsası G-8 ülkeleri ve Türkiye'den önce işleme başlamakta ve yine bu borsalarda işlemler başlamadan kapanmaktadır. MICEX, Borsa İstanbul, Borsa İtaliana, Deutsche Börse, NYSE Euronext Paris ve Londra Hisse Senetleri Borsası birbirine yakın saatlerde işleme başlayıp, yaklaşık 6 saat aynı anda işlemler gerçekleştirmektedirler. Avrupa Borsaları kapanmadan NYSE Euronext Amerika ve TMX Grup işleme başlamaktadır. NYSE Euronext Amerika ve TMX Grup Borsası aynı saatte işleme başlayıp aynı saatte işlemlerini sonlandırmaktadır.

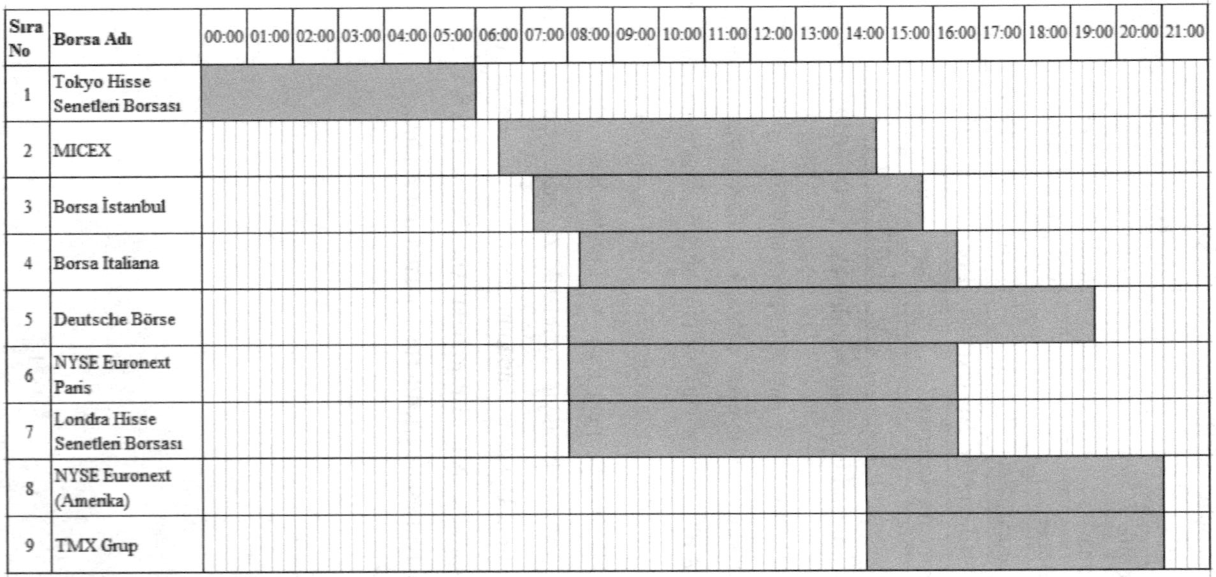

Kaynak: http://www.timeanddate.com/worldclock/ (27.02.2012).

Şekil 1-2 Borsaların GMT Saatiyle İşlem Saatleri

1.1.10. G-8 Ülkelerinde ve Türkiye'de Menkul Kıymet Borsalarına Kote Olma Şartları

Almanya

Almanya Borsası'na kote olup şirketlerini halka açmak isteyen Alman ve Avrupa Birliği'ne üye ülkelerin şirketleri, finansal tablolarını Uluslararası Finansal Raporlama Standartları (IFRS) göre hazırlamalıdır. Birlik dışından başvuracaklar ise IFRS eşdeğeri bir standart uygulamalıdır. Şirketin en az 3 yıllık bir geçmişi olmalıdır. Halka arz olacak şirketin en az % 25'i halka arz edilmelidir ve halka arz edilen hisse sayısı en az 10.000 adet olmalıdır. Ayrıca şirketin piyasa değeri 1,25 milyon Euro'nun altında olmamalıdır. Bu koşulları taşıyan şirketler borsanın aracılık faaliyeti yapmasına izin verdiği bir aracı kuruluş veya banka ile başvurarak borsada halka arzını gerçekleştirebilir.[11]

Türkiye

Borsa İstanbul'da halka arz edilecek şirketlerin SPK düzenlemeleri çerçevesinde izahnamede yer alacak mali tablolar ile bağımsız denetim raporlarının Borsa'ya sunulmuş olması gerekmektedir. Şirketin kuruluşundan itibaren en az 3 takvim yılı geçmiş olması ve son 3 yıllık döneme ilişkin mali tabloların yayınlanması gerekmektedir. Ayrıca ortaklığın Çizelge 1-11'de alternatif gruplarda yer alan koşulların tamamını sağlaması gerekmektedir.

---

[11] *http://deutscheboerse.com/dbg/dispatch/en/binary/gdb_content_pool/imported_files/public_files/10_downloads/33_going_being_public/10_products/055_listing_guide/Listing_Guide.pdf*, (21.05.2012).

Çizelge 1-11 Borsa İstanbul Kotasyon Şartları

	Grup 1	Grup 2	Grup 3
Halka arz edilen hisse senetlerinin piyasa değeri	Asgari 122.000.000 TL	Asgari 61.000.000 TL	Asgari 30.500.000 TL
Vergi öncesi kar elde edilmiş olması	Son iki yıldan en az birinde	Son iki yıldan en az birinde	Son 2 yıl
Halka arz edilen hisse senetlerinin ödenmiş veya çıkarılmış sermayeye oranı	-	Asgari 5%	Asgari 25%
Bağımsız denetimden geçmiş en son mali tablolardaki özsermaye	Asgari 30.500.000 TL	Asgari 19.500.000 TL	Asgari 12.200.000 TL

Kaynak: http://www.imkb.gov.tr/data/yonetmelikler/IMKB_Kotasyon_Yonetmeligi.pdf, 21.05.2012

Ayrıca finansman yapısının faaliyetlerini sağlıklı bir biçimde yürütebilecek düzeyde olduğunun Borsa yönetimince tespit ettirilmiş ve kabul edilmiş olması, esas sözleşmesinin Borsada işlem görecek menkul kıymetlerin devir ve tedavülünü kısıtlayıcı veya senet sahibinin haklarını kullanmasına engel olacak kayıtlar içermemekte olması, ortaklığın üretim faaliyetlerini etkileyecek önemli hukuki uyuşmazlıkların bulunmaması şartlarına da uyulmalıdır. Borsa yönetimince geçerli kabul edilebilecek durumlar dışındaki nedenlerle son 1 yıl içinde ortaklığın faaliyetlerine 3 aydan fazla ara vermemiş olması, tasfiye veya konkordato istenmemiş olması ve Borsaca belirlenen diğer benzeri durumların yaşanmamış olması gerekmektedir. Menkul kıymetlerin, piyasadaki mevcut ve muhtemel tedavül hacmi bakımından Borsa yönetimince önceden belirlenecek kriterlere uygun olması gerekmektedir. Borsaya kote olacak şirketlerin kuruluş ve faaliyet bakımından hukuki durumu ile hisse senetlerinin hukuki durumunun tabi oldukları mevzuata uygun olduğunun belgelenmesi şarttır.[12]

Japonya

Tokyo Hisse Senetleri Borsası'na kote olmak isteyen bir şirketin Çizelge 1-12'deki şartları taşıması gerekir.

Çizelge 1-12 Tokyo Hisse Senetleri Borsası Kotasyon Şartları

Ortak Sayısı	800 veya daha fazla
Alınıp satılabilir hisse senedi sayısı	4000 veya daha fazla
Alınıp satılabilir hisse senetlerinin piyasa değeri	1 milyar ¥ veya daha fazla
Alınıp satılabilen hisselerin kayıt altına alınan hisselere oranı	% 30 veya daha fazla
Kayıt altına alınan Hisselerin Piyasa Değeri	2 milyar ¥ veya daha fazla
Faaliyet Süresi	En az 3 yıl
Vergi Öncesi Kar	Son iki yılda yıllık toplam 1. yıl 100 milyon ¥ veya daha fazla 2. yıl (geçen yıl) 400 milyon ¥ veya daha fazla veya Son 3 yılda toplam 1. yıl 100 milyon ¥ veya daha fazla, 3. yıl 400 milyon ¥ veya daha fazla, ve toplamda 600 milyon ¥ veya daha fazla
Toplam Piyasa Değeri	100 milyar ¥ veya daha fazla
Yanlış Beyan	Son iki yılda başvuru sahibinin herhangi bir yanlış beyanı olmamalıdır. Son iki yıllık raporlarının bağımsız denetimden geçmiş olması gerekmektedir.

Kaynak: http://www.tse.or.jp/english/rules/listcriteria/index.html, (19 Mart 2012)

---

[12] *http://www.imkb.gov.tr/data/yonetmelikler/IMKB_Kotasyon_Yonetmeligi.pdf*, (21.05.2012).

Kanada

Toronto Hisse Senetleri Borsası kote olmak isteyen şirketleri sektörlerine göre değerlendirmektedir. Dünya'da en çok madencilik işletmesinin kote olduğu borsa Toronto Hisse Senetleri Borsası'dır. Bu noktadan hareketle kotasyon şartları incelenirken bu sektör dikkate alınmıştır. Borsaya kote olmak isteyen işletmeler; üç yıl kullanabilecekleri hammadde rezervine sahip olmalıdır. Bu durum bilirkişi tarafından onaylanmalıdır. Yürütülen faaliyet ticari amaçla yapılmalı ve yürütülmelidir. Faaliyetlerin yürütülmesi için gerekli çalışma sermayesine sahip olmalılar ve toplam dönen varlıkları toplamı 7,5 milyon $ olmalıdır. İşletmenin mali tabloları bağımsız denetimden geçmelidir. Şirketin yönetim kurulunda en az iki bağımsız üye bulunmalıdır. Ayrıca şirket hisselerinin 4 milyon $'lık kısmı halka açık olmalı ve bunların 1 milyon $'lık kısmı serbestçe alınıp satılır durumda olmalıdır. Ayrıca yönetime katılma hakkına sahip en az 300 ortak bulunmalıdır. Şirket bir önceki dönemde kâr elde etmiş olmalı ve geçmiş dönem 750 bin $ nakit akışı sağlanmalıdır. Son iki yılın nakit akışı ortalaması ise 500 bin $ olmalıdır.[13]

İngiltere

Londra Hisse Senetleri Borsası'na kote olabilmek için şirketlerin en az 3 yıldır faaliyet gösteriyor olması gerekmektedir. Toplam hisse senetlerinin en az % 25'i halka açık olmalıdır. Finansal raporlamalarının IFRS'ye uygun düzenlenmesi gerekmektedir. Ayrıca şirketin piyasa değerinin en az 700 bin £ olması gerekmektedir. Mali tabloları doğru ve açık olmalıdır.[14]

---

[13] http://www.tmx.com/en/pdf/Guide_to_Listing.pdf, (19 Mart 2012).

[14] http://www.londonstockexchange.com/companies-and-advisors/listing/markets/guide-to-capital-markets.pdf, (19 Mart 2012).

İtalya

Bir şirketin hisselerinin İtalya Borsası'nda işlem görebilmesi için şirketin piyasa değeri en az 40 milyon Euro olmalıdır. Şirketin toplam piyasa değerinin en az % 25'i halka açılmalıdır. Şirketlerin en az 3 yıllık geçmişleri olmalıdır. Mali tabloları bağımsız denetimden geçmiş olmalıdır.[15]

Amerika Birleşik Devletleri

Bir şirketin New York Borsası'nda halka arzının gerçekleştirilebilmesi için taşıması gereken şartlar aşağıda Çizelge 1-13'te belirtilmiştir. Şirketin Gruplardan birine ait tüm şartları taşıması gerekmektedir.

Çizelge 1-13 New York Borsası Kotasyon Şartları

	Kotasyon Şartları			
Kriter	**Grup 1**	**Grup 2**	**Grup 3**	**Grup 4**
Vergi Öncesi Kâr	750.000 $	-	-	-
Piyasa Değeri	-	-	50 Milyon $	75 Milyon $ veya 75 Milyon $ Gelir ve 75 Milyon $ Toplam Varlık
Halka Arzın Piyasa Değeri	3 Milyon $	15 Milyon $	15 Milyon $	20 Milyon $
En Düşük Fiyat	3 $	3 $	2 $	3 $
Faaliyet Geçmişi	Yok	2 yıl	Yok	Yok
Özsermaye	4 Milyon $	4 Milyon $	4 Milyon $	Yok
Yatırımcı Sayısı / Hisse Sayısı	1. Opsiyon: 800/500.000 2. Opsiyon: 400/1.000.000 3. Opsiyon: 400/500.000			

Kaynak: http://usequities.nyx.com/mkt-equities-regulation/listed-company-compliance/listing-standards, (04.06.2012)

15 *http://www.borsaitaliana.it/speciali/regolamento/parte2/titolo22/capo1/221.en.htm*, (04.06.2012).

Rusya

Bir şirketin MICEX'de işlem görebilmesi için gerekli kotasyon şartları Çizelge 1-14'te gösterilmiştir. İlk satırda gösterilen bölümler borsa içerisinde şirket hisselerinin işlem gördükleri bölümlerdir.

Çizelge 1-14 MICEX Hisse Senetleri Borsası'na Kote Olabilmek İçin Gerekli Temel Nitelikler

Kriter		**A1 Bölümü**	**A2 Bölümü**	**B Bölümü**	**V Bölümü**	**I Bölümü**
Bir şirkette, bir kişinin veya iştiraklerinin sahip olabileceği en yüksek hisse oranı		% 75	% 75	% 90	–	–
Hisse senetlerinin piyasa değeri (Minimum) (Ruble)	Adi	10 Milyar	3 Milyar	1,5 Milyar	–	60 Milyon
	İmtiyazlı	3 Milyar	1 Milyar	500 Milyon	–	25 Milyon
Şirketin çalışma ömrü		En az 3 yıl	En az 3 yıl	En az 1 yıl	En az 3 yıl	–
Yönetim Kurulu'nda Bulunması Gereken Bağımsız Üye Sayısı		3	3	1	1	1
Kredi Derecelendirme Notu		Zorunlu	–	–	–	–
Finansal Raporlama Standardı		IAS* / US GAAP**	IAS / US GAAP	–	–	–

Kaynak: http://www.micex.com/markets/stock/emitents/listing/872#fn1, (04.06.2012)

* Uluslararası Muhasebe Standartları
** Amerikan Genel Kabul Görmüş Muhasebe İlkeleri

Fransa

Paris Borsası'na kote olabilmek için şirketlerin toplam sermayenin en az % 25'i oranında halka açılma veya toplam sermayenin % 5'i fakat bu oran en az 5 milyon Euro'ya eşit olmalıdır. Ayrıca şirketin son 3 yıllık finansal tabloları sunulmalıdır ve finansal tablolar da IFRS'ye göre düzenlenmelidir. Bunlara ilave olarak borsaya sunulması gereken evraklar da borsa tarafından onaydan geçirilir.[16]

1.2. ÜLKE DÜZEYİNDE MENKUL KIYMET BORSALARI İLE İLGİLİ GENEL BİLGİLER

1.2.1. Japonya

Tokyo Hisse Senetleri Borsası 15 Mayıs 1878'de kurulmuş ve 1 Haziran 1878'de faaliyetine başlamıştır. 1943 yılında Japonya'nın büyük şehirlerinde faaliyet gösteren 10 borsa ile birleşmiş ve tek bir Japon Hisse Senedi Borsası oluşturulmuştur. Borsanın faaliyetleri II. Dünya Savaşı ve sonrası dönemde bir süre durdurulmuş ve 16 Mayıs 1949 yılında tekrar açılmıştır. 1999 yılında Borsada işlemler tamamen elektronik ortamda gerçekleştirilmeye başlamış ve işlem salonu kapatılmıştır.[17]

Tokyo Hisse Senetleri Borsası (TSE) kote olmuş şirketlerin piyasa değeri açısından Dünya'nın en büyük 2. borsasıdır. Birinciliği ise New York Borsası almıştır. Mayıs 2010 itibarıyla borsaya kote olmuş şirket sayısı 2414'tür. İşlem saatleri 09.00 ile 11.00 arası ve 12.30 ile 15.00 arasıdır. Borsadaki hisse senetleri üç grupta işlem görmektedir. Birinci grup büyük şirketler, ikinci grup orta büyüklükte işletmeler ve üçüncü grup hızla büyüyen ve gelişmekte olan şirketlerden oluşmaktadır. 31 Ekim 2010 itibarıyla birinci grupta 1675, ikinci grupta 437 ve üçüncü grupta 182 şirket bulunmaktadır. En önemli endeksleri NIKKEI 225'tir.[18] NIKKEI 225 Endeksi'ne dahil hisse senetleri Japonya'nın en büyük ekonomi ve iş

---

16 http://europeanequities.nyx.com/sites/europeanequities.nyx.com/files/getting_listed.pdf, (21.05.2012).

17 http://www.tse.or.jp/english/about/history.html, (25.12.2010).

18 http://en.wikipedia.org/wiki/Tokyo_Stock_Exchange, (20.12.2010).

dünyası gazetesi Nihon Keizai Shimbun tarafından belirlenmektedir. Tokyo Hisse Senetleri Borsası'nda toplam 103 aracı faaliyet göstermektedir. Bunların 93'ü yerli, 10'u yabancıdır.[19]

Tokyo Hisse Senetleri Borsası'nda hisse senetlerinin fiyatları belirlenirken iki metot kullanılır. Bu metotlardan birincisi Itayose, diğeri ise Zaraba'dır. Itayose metodu açılış ve kapanış fiyatlarını belirlemede kullanılır ve Zaraba metodu alım satım işlemleri sırasında kullanılan metottur. Itayose metodunda, açılış seansında girilen alış ve satış emirlerinden yola çıkılarak ortalama bir fiyat belirlenir. Zaraba metodunda ise alış ve satış emirleri sürekli işlemler aşamasında emir defterine girilir ve burada alış emri ile satış emri eşliğinde işlem gerçekleşmiş olur. Emirler sabah 08.00'da girilmeye başlanır fakat 09.00 olmadan herhangi bir işlem gerçekleşmez.[20]

1.2.2. Rusya

MICEX Hisse Senetleri Borsası, MICEX Grup çatısı altında faaliyet gösteren bir borsadır. 2012 yılı itibarıyla tüm Rus hisse senetleri borsalarında gerçekleştirilen işlemlerin % 98'i bu borsada gerçekleştirilir. Borsada işlem yapan bireysel ve kurumsal yatırımcıların toplam sayısı 450.000'dir. MICEX bünyesinde gerçekleşen menkul kıymet işlemlerinin % 41'i özel şirketlere aittir. İşlemler elektronik ortamda gerçekleştirilmektedir.[21]

Moskova Bankalararası Nakit Borsası (MICEX) Rusya Federasyonu ve Doğu Avrupa'nın en büyük uluslararası borsalarından biridir. MICEX 1992 yılında açılmıştır. Rusya'nın önde gelen hisse senetleri borsalarındandır. Borsaya kote olmuş 239 Rus şirketi bulunmaktadır. Bu şirketlerin Ağustos 2010 itibarıyla değeri 722

---

19 http://www.tse.or.jp/english/market/topix/comparison.html, (25.12.2010).

20 http://www.tse.or.jp/english/faq/list/stockprice/p_a.html, (25.12.2010).

21 http://www.micex.com/group/profile/portrait, (25.12.2010).

milyar $'dır. Borsada işlem yapan 550 aracı bulunmaktadır. 2006 yılında gerçekleşen işlem hacmi toplamı, önde gelen Rus Hisse Senetleri Borsaları'nın toplam hacminin yaklaşık % 90'ı seviyelerindedir. Borsada hisse senetlerinin alım satımı krize rağmen 90'lı yılların sonunda ağırlık kazanmıştır.[22]

Borsanın en önemli endeksleri MICEX Index, MICEX10 Index, MICEX Oil&Gas, MICEX Power, MICEX Telecommunication, MICEX Metals&Mining ve MICEX Financials'dır.[23]

1.2.3. Türkiye

1854 Kırım savaşı ile başlayan Osmanlı borçları nedeniyle Türkiye'de menkul değerler borsasının kurulması hem kolaylaşmış, hem de hızlanmıştır. Osmanlı borçlanma tahvilleri çıkarılmaya başlandıktan sonra, bunun İstanbul'da bir piyasası oluşmuş ve gayrimüslim bankerler Galata'da bu işle uğraşmaya başlamışlardır. Türkiye'de bir borsa kurulması gereği bu dönemde ortaya çıkmış ve Galata Bankerleri kendi aralarında, 1864 yılında bir dernek kurarak bu harekete öncülük etmişlerdir. 1866 yılında Türkiye'den alacaklı olan devletlerin de desteği ile İstanbul'da bir Dersaadet Tahvilat Borsası kurularak çalışmaya başlamış ve borsaya Maliye nezaretince bir komiser atanmıştır. Bu borsanın adı 1906 yılında çıkarılan bir nizamname ile Esham ve Tahvilat Borsası'na dönüştürülmüş ve bu kuruluş Cumhuriyet dönemine kadar devam etmiştir.[24]

İkinci Meşrutiyet'in ilanına kadar bu borsaya sadece, İstanbul, Selanik ve Beyrut'ta kurulmuş bulunan yabancı şirketlerin çıkarmış oldukları menkul değerler

---

[22] http://en.wikipedia.org/wiki/Moscow_Interbank_Currency_Exchange, (25.12.2010).

[23] http://www.micex.com/marketdata/indices/today, (25.12.2010).

[24] http://www.imkb.gov.tr/Libraries/Egitim_Setleri/borsalar%C4%B1n_tarihi.sflb.ashx, (06.01.2011).

kayıtlı iken, Meşrutiyet'ten itibaren yerli şirketlerin menkul kıymetleri kaydolunmaya başlamıştır. Cumhuriyet döneminde, 1922 yılında çıkarılan yeni bir nizamname (tüzük) ile borsada bugünkü sistemin esasını oluşturan hükümler getirilmiştir. 1929 yılında kabul edilen 1447 sayılı Menkul Kıymetler ve Kambiyo Borsaları Kanunu ve aynı yıl çıkarılan 8172 sayılı nizamname ile mevcut borsa yeniden düzenlenmiş ve İstanbul Menkul Kıymetler Borsası adı altında çalışmaya başlamıştır. 1938 yılında çıkarılan bir kararname ile İstanbul Borsası kapatılarak Ankara'ya taşınmış ve "Kambiyo, Esham ve Tahvilat Borsası" adı ile açılarak çalışmaya başlamıştır. Bu taşınmanın sakıncaları anlaşılmış olacak ki, 1941 yılında borsa yeniden İstanbul'a nakledilmiştir. Cumhuriyet döneminde kurulan borsalarda esham ve tahvilat yanında döviz alım–satımı da işlemler arasında yer almıştır. Ancak Türkiye'de 1931 yılından sonra şiddeti giderek artan kambiyo kontrolü nedeni ile döviz alım–satımı anlamını yitirmiş ve 1959 yılından sonra borsanın döviz alım–satımı ile ilgili rolü bütünüyle kaldırılmıştır. Türkiye'de 1981 yılı Temmuz ayında yayınlanan 2499 sayılı Sermaye Piyasası Kanunu ile sermaye piyasası yeniden düzenlenirken Menkul Kıymetler Borsası'na yeni bir şekil ve içerik verilmek istenmiş ve 1929 tarih ve 1447 sayılı Menkul Kıymetler ve Kambiyo Borsaları Kanunu yürürlükten kaldırılmış, bunun yerine 6.10.1983 gün ve KHK/91 sayılı Menkul Kıymetler Borsaları Hakkında Kanun Hükmünde Kararname getirilmiştir. KHK/91'in yayımı tarihinden bir yıl sonra, 6 Ekim 1984 tarihinde "Menkul Kıymetler Borsalarının Kuruluş ve Çalışma Esasları Hakkında Yönetmelik" yayınlanmıştır. 18.12.1985 tarihinde, İstanbul Menkul Kıymetler Borsası Yönetmeliği 18962 sayılı Resmi Gazetede yayınlanarak yürürlüğü girmiştir. Ve nihayet, 26 Aralık 1985 tarihinde borsa resmi bir törenle açılarak, faaliyete başlamıştır. Bu olay, SPK'nın IX sayılı tebliği ile resmi gazetede ilan edilmiştir.[25]

---

[25] http://www.imkb.gov.tr/Libraries/Egitim_Setleri/borsalar%C4%B1n_tarihi.sflb.ashx, (06.01.2011).

İstanbul Menkul Kıymetler Borsası, menkul kıymetlerin güven ve istikrar içinde işlem görmesini sağlamak amacıyla 26 Aralık 1985'te kurulmuş, 3 Ocak 1986 tarihinde faaliyete geçmiştir. Bu dönemde İMKB, Türk sermaye piyasalarının ve Türkiye ekonomisinin gelişimine katkıda bulunmuştur. 91 sayılı KHK'ya dayanılarak kurulan İMKB özerk ve mesleki bir kurum olup, kamu tüzel kişiliğini haizdir. İMKB yetkili olduğu konu ve alanlarda kendi yasal düzenlemelerini yapabilmektedir. İMKB Üyelerinden oluşan Genel Kurul, borsanın en üst karar organıdır. İMKB Yönetim Kurulu, Başkan ve dört üyeden oluşmaktadır. Başkan üçlü kararname ile atanırken, yönetim ve denetim kurulu üyeleri İMKB Genel Kurulu tarafından seçilmektedir.[26]

2013 yılında İstanbul Menkul Kıymetler Borsası ismini değiştirerek Borsa İstanbul adını almıştır.

30 Aralık 2012 tarihinde 6362 sayılı Sermaye Piyasası Kanunu Resmi Gazete'de yayınlanarak yürürlüğe girmiştir. Kanun'un 138. maddesi uyarınca Borsa İstanbul A.Ş., borsacılık faaliyetleri yapmak üzere Kanun'un yürürlüğe girdiği tarihte kurulmuştur. Sermaye piyasasında borsaları tek çatı altında toplayan Borsa İstanbul, esas sözleşmesinin Sermaye Piyasası Kurulu'nca hazırlanıp ilgili Bakanın onayı sonrasında 3 Nisan 2013 tarihinde doğrudan tescil ve ilan edilmesiyle faaliyet izni almıştır.

Borsa İstanbul'un başlıca amacı ve faaliyet konusu; "Kanun hükümleri ve ilgili mevzuat çerçevesinde, sermaye piyasası araçlarının, kambiyo ve kıymetli madenler ile kıymetli taşların ve Sermaye Piyasası Kurulunca uygun görülen diğer sözleşmelerin, belgelerin ve kıymetlerin serbest rekabet şartları altında kolay ve güvenli bir şekilde, şeffaf, etkin, rekabetçi, dürüst ve istikrarlı bir ortamda alınıp satılabilmesini sağlamak, bunlara ilişkin alım satım emirlerini sonuçlandıracak şekilde bir araya getirmek veya bu emirlerin bir araya gelmesini kolaylaştırmak ve

---

[26] http://www.imkb.gov.tr/AboutUs/AboutUsMain.aspx, (09.12.2010).

oluşan fiyatları tespit ve ilan etmek üzere piyasalar, pazarlar, platformlar ve sistemler ile teşkilatlanmış diğer pazar yerleri oluşturmak, kurmak ve geliştirmek, bunları ve başka borsaları veyahut borsaların piyasalarını yönetmek ve/veya işletmek ve ana sözleşmesinde yazılı olan diğer işlerdir." Bu bağlamda 6362 sayılı Sermaye Piyasası Kanunu'na dayanılarak kurulan Borsa İstanbul özel hukuk tüzel kişiliğini haizdir. Borsa İstanbul yetkili olduğu konu ve alanlarda kendi yasal düzenlemelerini yapabilmektedir.

Borsa İstanbul Genel Müdürü, aynı zamanda Yönetim Kurulu Başkanı olup, en yüksek icra amiri sıfatıyla şirketi sevke, idareye ve tek başına temsile ve ilzama yetkilidir.[27]

Borsa İstanbul Hisse Senetleri Piyasası tarihsel gelişim süreci Çizelge 1-15'te verilmiştir.

Çizelge 1-15 Borsa İstanbul Hisse Senetleri Piyasası Tarihsel Gelişim Süreci

3 Ocak 1986	İlk işlem günü
14 Temmuz 1994	Çift seans uygulamasına geçiş
21 Kasım 1994	Tam otomasyon, tüm hisse senetlerinde bilgisayarlı işlem sistemine geçiş
23 Aralık 1994	Ulusal Pazarın kuruluşu
27 Kasım 1996	Gözaltı Pazarının kuruluşu
31 Temmuz 2000	Uzaktan erişimde ilk işlem
13 Ağustos 2001	Seans sürelerinin uzatılması
14 Nisan 2003	Fiyat adımlarının küçültülmesi

[27] http://www.borsaistanbul.com/kurumsal/borsa-istanbul-hakkinda/hakkimizda, (25.04.2013).

1 Kasım 2004	Borsa Yatırım Fonları Pazarının kuruluşu
2 Şubat 2007	Açılış seansı uygulaması
7 Eylül 2007	2. seans saatinin uzatılması
13 Ekim 2008	1. seans saatinin uzatılması
19 Ekim 2009	2. seans saatinin uzatılması
13 Kasım 2009	2. seansta da Açılış Seansı uygulaması
30 Nisan 2010	Seans saatleri değişikliği
26 Temmuz 2010	Piyasa Yapıcılı Sürekli Müzayede yöntemi
1 Ekim 2010	A, B, C sınıflandırması, Tek Fiyat işlem yönteminin başlaması, Gözaltı Pazarında seans süresi değişikliği
8 Ekim 2010	Emir iptalinin koşulsuz serbest bırakılması, Sorgularda alıcı ve satıcı tarafların gösterilmemeye başlanması
1 Kasım 2010	Fiyat adımlarının küçültülmesi
1 Ocak 2011	İMKB Otomatik Seans Durdurma Sistemi'nin devreye alınması, Bankalararası Repo-Ters Repo Pazarı'nın kurulması
1 Nisan 2011	Borsa Birincil Piyasada İlk Halka Arzlarda uygulanacak iki yeni işlem yönteminin devreye alınması: -Sabit Fiyatla Talep Toplama ve Satış Yöntemi -Değişken Fiyatla Talep Toplama ve Satış Yöntemi
1 Temmuz 2011	Temettü Endeksleri hesaplanmaya başlanması
5 Nisan 2013	Borsa İstanbul'da İşlemlerin Başlaması

Kaynak: http://www.imkb.gov.tr/aboutus/History.aspx, (09.12.2012)

Borsa İstanbul'da altı piyasa mevcuttur. Bu piyasalar; Hisse Senetleri Piyasası, Gelişen İşletmeler Piyasası, Borçlanma Araçları Piyasası, Yurt Dışı Sermaye Piyasası

Araçları Piyasası, Vadeli İşlem ve Opsiyon Piyasası ve Kıymetli Madenler ve Taşlar Piyasası'dır.[28] Borsa İstanbul, Ulusal Pazar çalışma saatleri Çizelge 1-16'da sunulmuştur.

Çizelge 1-16 Borsa İstanbul Ulusal Pazar Çalışma Saatleri

1. Seans	09:15-12:30
Açılış Seansı	09:15-09:45
Emir Toplama	09:15-09:40
Açılış Fiyatlarının Belirlenmesi ve Açılış İşlemleri	09:40-09:45
Piyasa Yapıcı-İlk Kotasyon Girişi	09:40-09:44
Sistem-Otomatik İlk Kotasyon Atama	09:44-09:45
Sürekli Müzayede (SM) ve Piyasa Yapıcılı SM Yöntemi	09:45-12:30
2. Seans	14:00-17:40
Açılış Seansı	14:00-14:15
Emir Toplama	14:00-14:10
Açılış Fiyatlarının Belirlenmesi ve Açılış İşlemleri	14:10-14:15
Piyasa Yapıcı-İlk Kotasyon Girişi	14:10-14:14
Sistem-Otomatik İlk Kotasyon Atama	14:14-14:15
Sürekli Müzayede (SM) ve Piyasa Yapıcılı SM Yöntemi	14:15-17:30
Emir Toplama	14:15-17:30
Tek Fiyatın Belirlenmesi	17:30-17:33
Kapanış Seansı	17:30-17:40
Emir Aktarımı	17:30-17:33
Emir Toplama	17:33-17:36
Kapanış Fiyatlarının Belirlenmesi	17:36-17:38
Kapanış Fiyatından/Tek Fiyattan İşlemler	17:38-17:40

Kaynak: http://www.imkb.gov.tr/Markets/StockMarket/TransactionHours.aspx, (09.12.2012).

2010 yılı itibarıyla borsa şirketlerinin sektörel dağılımı incelendiğinde; % 49,2 ile en büyük payı imalat sanayi, % 33,5 ile mali kuruluşlar, % 5,7 ile toptan ve

[28] *http://www.borsaistanbul.com/urunler-ve-piyasalar/piyasalar*, (25.04.2013).

perakende ticaret, otel ve lokantalar, % 3,9 ile teknoloji, % 2,4 ile ulaştırma, haberleşme ve depolama, % 1,8 ile eğitim, sağlık, spor ve diğer sosyal hizmetler, % 1,5 ile elektrik, gaz ve su, % 1,2 ile inşaat ve bayındırlık ve son olarak % 0,6 pay ile madencilik almaktadır.

Sektörlere göre piyasa değerleri incelendiğinde, imalat sanayiinin toplam piyasa değeri içindeki payı % 25, mali kuruluşların payı % 53,2, toptan ve perakende ticaret, otel ve lokantaların payı % 4,3, teknolojinin payı % 0,6, ulaştırma, haberleşme ve depolamanın payı % 11,1, eğitim, sağlık, spor ve diğer sosyal hizmetlerin payı % 1, elektrik, gaz ve suyun payı % 1,2, inşaat ve bayındırlığın payı % 3,1 ve son olarak madenciliğin payı % 0,6'dır.[29]

1.2.4. İtalya

Milan Hisse Senetleri Borsası Eugene de Beauharnais (dönemin valisi) tarafından 1808 yılında kurulmuştur. Özelleştirme sürecinde bankalar konsorsiyumuna satılmış ve ortak yatırım bir holding olarak 1998 ile 2007 arası faaliyetlerini sürdürmüştür. 2007 yılında da tüm hisseleri Londra Hisse Senetleri Borsası tarafından satın alınmış ve böylece iki borsa birleşmiştir.

İtalya Borsası'nda işlemler gerçek zamanlı tamamen elektronik bir sistemde ve uzaktan işlem yapabilme özellikleriyle gerçekleştirilmektedir.[30] İtalya Borsası 130 yerli ve yabancı aracı kurum ile hisse senetleri piyasasını yönetmektedir. Yabancı aracı kurumlar gerçek zamanlı işlemleri elektronik ortamda gerçekleştirebilmektedir. Hisse senetleri piyasası beş bölüme ayrılmıştır. Birinci bölümde hisse senetleri ve varantlar elektronik ortamda alınıp satılır. İkinci bölümde Yıldız Pazar olarak adlandırılan piyasa değeri 40 milyon Euro'dan 100 milyon Euro'ya kadar olan

---

[29] *http://www.imkb.gov.tr/Publications/Publications_Guides.aspx*, (15.12.2010).

[30] *http://en.wikipedia.org/wiki/Borsa_Italiana*, (20.12.2010).

geleneksel sektörlere ait şirketlerin elektronik ortamda işlem gördükleri bölümdür. Üçüncü bölüm Nuovo Mercato ismiyle anılan yenilikçi şirketlerin bulunduğu bölümdür. Dördüncü bölüm Mercato Ristretto resmi borsada işlem göremeyen menkul kıymetlerin alınıp satıldığı piyasadır ve beşinci bölüm borsa işlem saatleri dışında işlem yapılabilecek hisse senetlerini kapsayan bölümdür.[31]

Borsa'nın en önemli endeksleri FTSE İtalya Tüm ve FTSE MIB' dır.[32] Borsada işlemler 09.10 ile 17.25 arasında gerçekleştirilmektedir.[33]

1.2.5. Almanya

Deutsche Börse AG hisse senetleri ve diğer menkul kıymetlerin alım satımını düzenleyen bir borsadır. Şirketlerin ve yatırımcıların küresel sermaye piyasalarına ulaşmasına yardımcı olur. 1993 yılında kurulmuş bir ortak yatırımdır. Merkezi Frankfurt'tadır. Deutche Börse'nın Avrupa'da, Amerika'da ve Asya'da 3200'den fazla çalışanı vardır. Kurumun Almanya, Lüksemburg, İsviçre, Çek Cumhuriyeti ve İspanya'da ofisleri vardır. Ayrıca Pekin, Londra, Paris, Chicago, New York, Hong Kong ve Dubai'de ise temsilcilikleri bulunmaktadır.[34]

Frankfurt Hisse Senetleri Borsası Dünya'nın en büyük, menkul kıymet alım satımı yapılan borsalarından biridir. Almanya'nın en büyük hisse senetleri borsasıdır. Almanya'daki menkul kıymet alım satımlarının % 90'ı Frankfurt Hisse Senetleri Borsası'nda yapılmaktadır. Almanya'da ayrıca Berlin, Duesseldorf, Hamburg, Hannover, Münih ve Stuttgart hisse senetleri borsaları vardır. Frankfurt Hisse

---

[31] http://en.wikipedia.org/wiki/Borsa_Italiana, (26.03.2012).

[32] http://www.borsaitaliana.it/borsa/azioni/tutti-gli-indici.html?lang=en, (20.12.2010).

[33] http://www.world-exchanges.org/member-exchanges/member-exchanges/borsa-italiana-spa, (20.12.2010).

[34] http://en.wikipedia.org/wiki/Deutsche_B%C3%B6rse, (15.12.2010).

Senetleri Borsası'nın alım satım işlemleri Deutsche Börse AG tarafından yürütülmektedir. Borsa'nın Londra Hisse Senetleri Borsası ve Euronext ile birleşme girişimleri olmuştur fakat bu girişimler sonuçsuz kalmıştır.[35]

Borsada hisse senetleri alım satım işlemleri 09.00 ile 20.00 arasında, tahvil ve bono piyasası işlemleri ise 09.00 ile 17.30 arasında gerçekleştirilmektedir.[36]

Frankfurt Hisse Senetleri Borsası 2012 yılının sonunda işlemlerinin tamamını elektronik ortamda gerçekleştirmeyi hedeflemektedir. Kasım 2010 itibarıyla, Frankfurt Hisse Senetleri Borsası'nda 80 ülkeden hisse senetleri alınıp satılmaktadır. Bunların % 49'u Kuzey ve Güney Amerika'dan, % 31'i Avrupa'dan (Rusya dahil), % 14'ü Asya'dan ve % 6'sı Avustralya ve Afrika'dandır. Yatırımcıların tümü borsaya elektronik ortamda bağlanabilmektedir.[37]

Frankfurt Hisse Senetleri Borsası'nın en önemli endeksleri DAX, DAXplus, CDAX, DivDAX, LDAX, MDAX, SDAX, TecDAX, VDAX ve EuroStoxx50'dir.[38]

1.2.6. Fransa

NYSE Euronext Paris Borsası'nın temelleri 1500'lü yıllara dayanır. Borsa'nın temeli 1540 yılında Lyon'da atılmıştır. 1801 yılında Paris Bourse adıyla resmen açılmıştır. 1801 yılında borsaya kote olan şirket sayısı 7 iken 1853 yılında 152'ye yükselmiştir. 1980'li yıllarda Paris Borsası'nda elektronik işleme geçilmiş ve borsada önemli bir modernizasyon gerçekleştirilmiştir. 1988 yılında borsa şirketleşmiştir. 1988 yılının haziran ayında Fransa'daki dört piyasa operatörü Paris

---

[35] *http://en.wikipedia.org/wiki/Deutsche_B%C3%B6rse*, (15.12.2010).

[36] *http://www.world-exchanges.org/member-exchanges/member-exchanges/deutsche-börse-ag*, (15.12.2010).

[37] *http://en.wikipedia.org/wiki/Frankfurt_Stock_Exchange*, (15.12.2010).

[38] *http://deutsche-boerse.com/dbag/dispatch/en/kir/gdb_navigation/about_us/20_FWB_Frankfurt_Stock_Exchange*, (15.12.2010).

Borsası çatısı altında birleşmişlerdir.[39] Eylül 2000'de Amsterdam, Lizbon ve Brüksel Borsaları ile birleşerek Euronext NV'yi oluşturmuşlar ve Londra Hisse Senetleri Borsası'nın ardından Avrupa'nın ikinci en büyük borsası haline gelmişlerdir. 2006 yılı mayıs ayında New York Borsası (NYSE) ile Euronext birleşmiş ve NYSE Euronext Dünya'nın en büyük borsası olmuştur. Bu birleşme 4 Nisan 2007'de tamamlanmıştır.[40]

Tüm ürünlerin alım satımları elektronik ortamda gerçekleştirilmektedir. CAC 40 borsanın göstergesi niteliğinde önemli bir endeksidir. En fazla işlem hacmine sahip 40 hisse senedinin verileriyle hesaplanmaktadır. Pazar dört bölüme ayrılmıştır. Şirketler büyüklüklerine göre bu dört bölümde sınıflanmışlardır.[41]

İşlemler pazartesiden cumaya saat 09.00 ile 17.30 arasında gerçekleştirilmektedir.[42]

1.2.7. İngiltere

Londra Hisse Senetleri Borsası Dünya'nın en eski borsalarından biridir. Geçmişi 300 yıldan fazladır. 17. Yüzyılda Kahve Evleri'nde başlayan faaliyetleri şu anda şehrin en önemli finans kurumlarından biri haline gelmiştir. Borsanın faaliyetleri 1698 yılında başlamıştır. 1801 yılında resmi üyelik sistemiyle faaliyetlerine devam edilmiş ve modern hisse senedi borsasının doğuşu sağlanmıştır.[43]

---

[39] *http://www.nyx.com/who-we-are/history/paris*, (30.01.2013).

[40] *http://tr.wikipedia.org/wiki/Euronext*, (07.05.2012).

[41] *http://en.wikipedia.org/wiki/Euronext_Paris*, (10.12.2010).

[42] *http://www.euronext.com/tools/documentation/wide/documents-2086-EN.html*, (10.12.2010).

[43] *http://www.londonstockexchange.com/about-the-exchange/company-overview/our-history/our-history.htm*, (31.01.2013).

Londra Menkul Kıymetler Borsası'nın yasal kuruluşu 1875 yılında olmuştur. 1945 yılında borsanın denetim organı olan konsey kurulmuş ve 36 üyesi atanmıştır. Konsey üyeleri, borsaya kayıtlı üyeler arasından 5 yıl için seçilmektedir.[44]

İkinci Dünya Savaşı sırasında Londra Hisse Senetleri Borsası sadece 7 gün kapalı kalmıştır. 1995 yılında uluslararası büyüyen şirketler pazarı faaliyete geçmiştir. 1997 yılında ise elektronik ortamda alım satım işlemlerine başlanmıştır. Borsa 2000 yılında halka açık bir şirkete dönüşmüştür. 2007 yılında ise Londra Hisse Senetleri Borsası, Borsa İtaliana ile birleşip Londra Hisse Senetleri Borsası Grubunu oluşturmuştur.[45] Londra Hisse Senetleri Borsası Ağustos 2010 itibarıyla 2,63 trilyon $ piyasa değeri ile Dünya'nın 4. en büyük, Avrupa'nın en büyük hisse senetleri borsasıdır.[46] Borsa'da ürünler yerel saat ile 08.00 ile 16.30 arasında işlem görmektedir.[47]

En önemli endeksleri FTSE 100, FTSE 250, FTSE 350 ve FTSE Tüm endeksleridir.[48]

1.2.8. Amerika Birleşik Devletleri

New York Menkul Kıymetler Borsası Amerika Birleşik Devletleri ve Kanada'da mevcut diğer menkul kıymetler borsalarının prototipi olup gönüllü olarak kurulmuş, fakat üyelerin meydana getirdiği şirketleşmemiş bir kuruluştur. Yönetim kurallarını kendi belirlemekle beraber, 1934 yılından beri Menkul Kıymetler Borsası

---

[44] İMKB, *a.g.e.*, s. 6.

[45] *http://www.londonstockexchange.com/about-the-exchange/company-overview/our-history/our-history.htm*, (31.01.2013).

[46] *http://en.wikipedia.org/wiki/London_Stock_Exchange*, (30.12.2010).

[47] *http://www.world-exchanges.org/member-exchanges/member-exchanges/london-stock-exchange*, (30.12.2010).

[48] *http://www.londonstockexchange.com/home/homepage.htm*, (30.12.2010).

Komisyonu'nun (Securities Exchange Commission–SEC) denetimine tabi bulunmaktadır. 1938 yılında New York Menkul Kıymetler Borsası'nın kuruluş ve çalışma düzeninde büyük bir reform yapılmış ve borsa yönetimi, üye olmayan ve maaşlı, tam gün esasına göre çalışan bir başkanın idaresine bırakılmıştır. New York Menkul Kıymetler Borsası'nın gerçek kişilerden oluşan 1375 üyesi bulunmaktadır. Üyeler yatırım bankalarını ve tüzel kişiler olan diğer kuruluşları borsada temsil edebilir.

New York Menkul Kıymetler Borsası'nın yasal düzeni ve kuralları 25 üyeden oluşan bir icra komitesi tarafından konulur. Başkan, icra ve yönetimin başı olup, dışa karşı borsayı temsil eder ve yönetir. Ayrıca borsanın menkul değer listesi, kamu ilişkileri ve üye firmalar gibi departmanları mevcuttur. Bu departmanlar başkana bağlıdır.

New York Menkul Kıymetler Borsası, Manhattan'da kurulu piyasa değeri açısından Dünya'nın en büyük hisse senetleri borsasıdır. Ağustos 2010 itibarıyla borsaya kote olmuş şirketlerin piyasa değeri 11,92 trilyon $'dır. Borsa NYSE Euronext tarafından işletilmektedir. New York Hisse Senetleri Borsası 2007 yılında tamamen elektronik ortamda faaliyet gösteren Euronext ile birleşmiştir. Borsanın işlem yapılan dört odası bulunmaktadır. Borsada işlemler pazartesiden cumaya, 09.30 ile 16.00 saatleri arasında işlem görmektedir.[49] Borsa'nın en önemli endeksleri NYSE Composite ve Dow Jones Industrial Average (DJI) endeksleridir.[50]

1.2.9. Kanada

Toronto Hisse Senetleri Borsası (TMX) Kanada'daki en büyük borsadır. Piyasa değeri açısından Kuzey Amerika'daki üçüncü, dünyadaki sekizinci en büyük

---

[49] http://en.wikipedia.org/wiki/New_York_Stock_Exchange, (30.12.2010).

[50] http://www.nyse.com/about/listed/lcddata.html?ticker=DJI, (30.12.2010).

borsadır. Kanada'nın en büyük şehri Toronto'da kurulmuştur. Mülkiyeti ve işletmeciliği TMX Grup'a aittir. Borsada Kanada'dan, Amerika Birleşik Devletleri'nden, Avrupa'dan ve birçok diğer ülkeden şirketlerin hisse senetleri işlem görmektedir. Toronto Hisse Senetleri Borsası madencilik ve enerji sektörlerinde dünyada ilk sırada yer alır. Dünyadaki diğer borsalara oranla bu alanda faaliyet gösteren şirket sayısının en fazla olduğu borsadır.[51]

Toronto Hisse Senetleri Borsası 26 Temmuz 1852 yılında Torontolu bir grup işadamı tarafından kurulmuştur. Borsa 1878 yılında resmi olarak şirket haline getirilmiştir. 23 Nisan 1997 tarihinde işlemler elektronik ortamda gerçekleştirilmeye başlanmıştır. İşlemlerin elektronik ortamda gerçekleştirilebilmesi borsayı Kuzey Amerika'nın ikinci en büyük borsası haline getirmiştir. Toronto Hisse Senetleri Borsası Kanada'nın en seçkin hisse senetlerinin alınıp satıldığı borsadır. 30 Haziran 2007 itibarıyla borsada işlem gören 434 enerji şirketi bulunmaktadır. 2000 yılında Toronto Hisse Senetleri Borsası kâr amacı güden bir şirket haline gelmiştir. 2001 yılında borsanın kodu TSX olmuştur.[52] 11 Haziran 2008'de TSX Grup adı ortakların da onayıyla TMX Grup olarak değiştirilmiştir.[53]

En önemli endeksi S&P/TSX Karma'dır. Borsa'nın normal işlem saatleri 09:30 ile 16:00 arasındadır.[54]

---

[51] http://en.wikipedia.org/wiki/Toronto_Stock_Exchange, (10.12.2010).

[52] http://en.wikipedia.org/wiki/Toronto_Stock_Exchange, (10.12.2010).

[53] http://www.tmx.com/en/pdf/TMXHistory.pdf, (14.12.2012).

[54] http://www.world-exchanges.org/member-exchanges/member-exchanges/tmx-group-inc, (10.12.2010).

İKİNCİ BÖLÜM

ULUSLARARASI BORSALAR ARASINDAKİ ETKİLEŞİME SEBEP OLAN FAKTÖRLER

1900'lü yılların son çeyreğinde, 1987 krizinden sonra, uluslararası hisse senetleri piyasalarının birbirlerine olan ilgileri artmıştır. Bu ilginin sebebi büyük oranda, artan politik koordinasyon, gelişmiş ve gelişmekte olan ülkelerdeki para hareketleri üzerindeki kontrollerin kaldırılması, alım–satım ve haberleşme sistemlerindeki teknolojik gelişimle birlikte yeni finansal ürünlerin ortaya çıkmasıdır.[55]

Son on yıl süresince, finansal kurumlar küresel piyasalara önemli ölçüde yayılmışlardır. Sınır ötesi yatırımlar ana ülkedeki riskleri dağıtmakta ve rekabeti yatırım yapılan ülkeye taşımaktadır. Risklerini dağıtmak isteyen yatırımcılar da küresel pazarlara yönelmektedir.[56] 2011 yılında küresel doğrudan yabancı yatırımları kriz öncesini aşarak 1,5 trilyon $'a ulaşmıştır. Buna rağmen hala 2007 yılında ulaştığı zirvenin % 23 altında bulunmaktadır. Geleceğe dönük tahminler ılımlı bir yükselişi işaret etmektedir. 2013 yılında küresel yatırımların 1,8 trilyon $'a ve 2014 yılında 1,9 trilyon $'a yükseleceği beklenmektedir. 2011 yılında gelişmiş ülkelere akan doğrudan dış yatırımlar % 21 artışla 748 milyar $'a yükselirken, gelişmekte olan ülkelere akış % 11 artmış ve 684 milyar $ gerçekleşmiştir.[57]

---

[55] Panayiotis F. Diamandis, "International Stock Market Linkages: Evidence from Latin America", *Global Finance Journal,* 2009, S. 20, s. 13-30.

[56] *http://www.imf.org/external/pubs/ft/gfsr/2012/01/,* (18.02.2013).

[57] *http://www.unctad-docs.org/UNCTAD-WIR2012-Full-en.pdf,* (18.02.2013).

Küresel fon yönetim endüstrisinin idaresinde bulunan uluslararası emeklilik fonları, sigorta fonları ve yatırım fonlarının 2011 yılı itibarıyla toplam değeri, bir önceki yıla göre % 1 artarak, 79,8 trilyon $ olarak gerçekleşmiştir.[58]

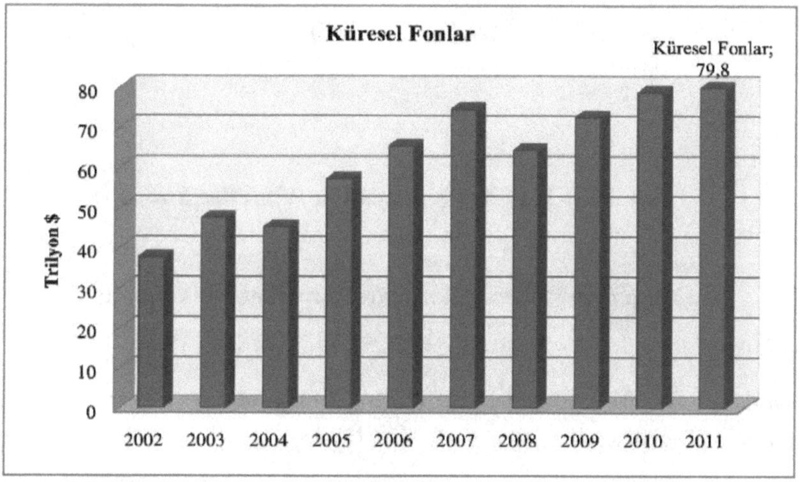

Kaynak: http://www.thecityuk.com/research/our-work/reports-list/?start=10, (18.02.2013).

Şekil 2-1 Küresel Fonlar

Şekil 2-1'de küresel fondan kastedilen uluslararası emeklilik fonları, sigorta fonları ve yatırım fonlarıdır. 2002 yılı ile 2011 yılları arasını kapsayan Şekil 2-1'de görüleceği üzere, 2004 yılında ve 2008 yıllında bir önceki yıla göre düşüş yaşanmıştır. Diğer tüm yıllarda bir önceki yıla göre artış görülmektedir.

[58] http://www.thecityuk.com/research/our-work/reports-list/?start=10, (18.02.2013).

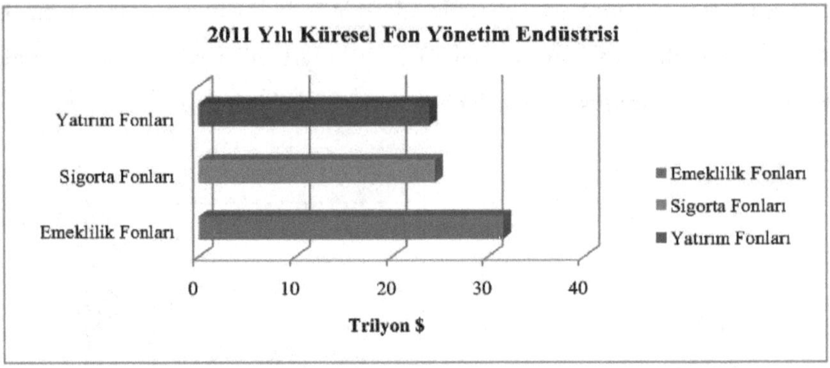

Şekil 2-2 2011 Yılı Küresel Fon Yönetim Endüstrisi

Kaynak: http://www.thecityuk.com/research/our-work/reports-list/?start=10, (18.02.2013).

Şekil 2-2'de 2011 yılı itibarıyla küresel fon yönetim endüstrisinin yönettiği fonun hangi kaynaklardan oluştuğu sunulmuştur. 79,8 trilyon $'lık fonun % 39'u emeklilik fonlarından, % 31'lik kısmı sigorta fonlarından ve % 30'luk kısmı yatırım fonlarından oluşmaktadır.

Küresel yatırımların önemli bir noktaya geldiği günümüzde yatırımcıların portföy çeşitliliğine gitmesi riski azaltıcı bir unsur olarak karşımıza çıkmaktadır. Portföy çeşitliliğini uluslararası boyuta taşımak için farklı ekonomilerdeki yatırım araçlarının bir portföyde yer alması gerekmektedir. Portföyde yer alacak borsaları seçerken de eşhareketliliği düşük olanları seçmek bu konuda başarıyı getirecektir.

Geleneksel olarak, yatırımcılar uluslararası çeşitlendirmeden yaygın olarak faydalanmışlardır. Bugünlerde, tersine, hisse senedi borsaları birlikte hareket eder görünmektedirler. Yerel hisse senedi borsaları yerel faktörlerden daha çok küresel faktörlerden etkilenmektedir. Bu şunu ortaya koyar; yatırımcılar ülke bazlı çeşitlendirmeden daha çok sektör bazlı çeşitlendirmeye gitmelidir. Küreselleşme ve bilgi teknolojilerindeki gelişmeler, hisse senedi fiyatlarındaki değişimin saptanmasında, uluslararası faktörlerin öneminin artmasını sağlamıştır. Bu da uluslararası hisse senedi borsalarını daha birbirine bağlı hale getirmiştir.[59]

Yerel hisse senedi borsalarının davranışlarını belirlemede, geçmişe oranla, ekonomik temellerin daha az önemli olmasını açıklayabilecek bazı nedenler vardır. Bu nedenlerden ilki; sermaye hareketliliği üzerindeki kontrollerin ortadan kaldırılmasıdır. Bu da daha küresel bir hisse senetleri piyasası ortaya çıkarmaktadır. İkinci olarak, büyük şirketler birden fazla borsaya kote olabilmektedir. Uluslararası yatırımcılarını kote oldukları borsaya taşımaktadırlar. Üçüncü etken, şirket evlilikleri ve şirket satın almaların sonucu olarak, birçok şirket toplam kârının büyük bir bölümünü denizaşırı faaliyetlerden sağlamaktadır. Dördüncü etken; internet teknolojisindeki gelişim ile aynı sektörde farklı ülkelerde faaliyet gösteren şirketler ile ilgili yatırımcıların bilgi toplaması çok daha kolay hale gelmiştir.[60]

Uluslararası borsalar arasındaki etkileşime sebep olan faktörler aşağıda detaylı olarak açıklanmıştır.

2.1. PARA VE SERMAYE PİYASALARININ LİBERALLEŞMESİ VE GLOBALLEŞMESİ

Mali globalleşme süreci, sanayileşmiş ve sanayileşme yolundaki ülke hükümetlerinin aldıkları kararlarla döviz ve sermaye işlemleri üzerindeki kısıtlamaları kaldırarak ulusal piyasalarını dış mali piyasalarla bütünleştirmeleri olarak tanımlanabilir. Mali globalleşme kapsamında, özel fonlar yüksek getiri hedefi kapsamında ülkeler arasında oldukça serbest bir biçimde dolaşmaya başlamıştır. Küreselleşme tartışmalarında sermaye hareketleri merkezi bir rol oynar. Aşamalarına

---

[59] Croci, *a.g.t.*, s. 1.

[60] Croci, *a.g.t.*, s. 2.

bakıldığında mali alandaki liberalleşmenin ilk olarak dolaysız yabancı sermaye yatırımları alanında ortaya çıktığı görülür. Çoğu ülkeler sürdürülebilir büyüme gibi amaçlarla öncelikle dolaysız yabancı sermaye girişlerini özendirici mali politikalar izlemişlerdir. Bu gelişmeyi, uluslararası piyasalardaki tahvil ve hisse senedi gibi menkul değerlere yapılan portfolyo sermayesi yatırımlarının liberalleştirilmesi izlemiştir. Bu sürece son olarak "sıcak para" fonları da denilen kısa süreli sermaye akımları katılmıştır.[61]

Narayan, Smyth ve Nandha (2004), yapmış oldukları çalışmanın sonuç bölümünde, 1990'ların başında Güney Asya piyasalarının hızlı bir pazar liberalleşmesine gittiklerini, bunun da bölgenin yüksek yatırıma ve ticaret akışına açılmasını sağladığını belirtmişlerdir.[62]

Chen, Firth ve Rui (2002), yapmış oldukları çalışmada Latin Amerika ülkelerine odaklanmışlardır çünkü bu ülkelerin çok hızlı büyüdüklerini ve yabancı yatırımcılara açık borsalar olduklarını vurgulamışlardır.[63]

Beine ve Candelon (2011), gelişmekte olan piyasalarda liberalizasyon ve eşhareketliliği konu alan çalışmalarında, uluslararası ticaret ile finansal liberalleşme ülke borsaları arasındaki bağları güçlü bir biçimde desteklediğini ortaya koymuşlardır.[64]

---

[61] Halil Seyidoğlu, "Uluslararası Mali Krizler, IMF Politikaları, Az Gelişmiş Ülkeler, Türkiye ve Dönüşüm Ekonomileri", *Doğuş Üniversitesi Dergisi*, 2003, c. 4, S. 2, s. 142-143.

[62] Paresh Narayan - Russell Smyth - Mohan Nandha, "Interdependence and dynamic linkages between the emerging stock markets of South Asia", *Accounting and Finance*, 2004, S. 44, s. 419-439.

[63] Gong-meng Chen - Michael Firth - Oliver Meng Rui, "Stock market linkages: Evidence from Latin America", *Journal of Banking & Finance*, 2002, S. 26, s. 1114.

[64] Michel Beine – Bertrand Candelon, "Liberalisation and stock market co-movement between emerging economies", *Quantitative Finance*, 2011, c. 11, S. 2, s. 299.

Türkiye'de Borsa İstanbul, hisse senetleri piyasasında yabancı yatırımcıların takas oranı incelendiğinde 2005 yılı ile 2011 yılları arasında bu oran hiçbir zaman % 62'nin altına inmemiştir. 2007 yılında da % 72 seviyesinin üzerine çıkmıştır. Türk hisse senetleri piyasasında yabancı yatırımcılar oldukça önemli bir paya sahiptir. Bireysel ve kurumsal yapıdaki bu yatırımcıların başka borsalara da yatırım yapması muhtemeldir. Dolayısıyla, Borsa İstanbul diğer ülke borsalarındaki gelişmelerden etkilenebilecektir.

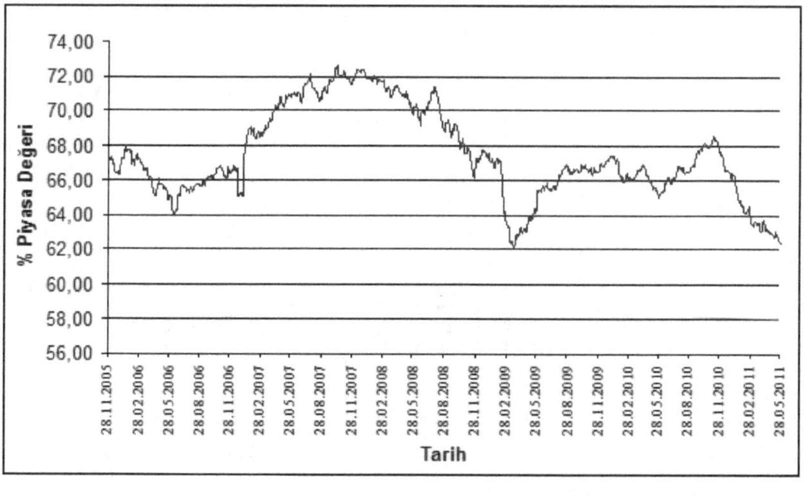

Şekil 2-3 Borsa İstanbul Yabancı Yatırımcı Takas Oranları Grafiği

Kaynak:http://www.mkk.com.tr/wps/portal/MKK/DokumanKutuphanesi/VeriBankasi/YerliYabanciSaklamaOranlari /, (01.06.2011).

Şekil 2-4'te İMKB 100 Endeksi günlük verileri ile Borsa İstanbul hisse senetleri piyasasındaki yabancı yatırımcı takas oranı günlük bilgileri aynı grafik üzerinde gösterilmiştir. Grafiğin çok büyük bir bölümünde aynı yönde hareket dikkat çekmektedir. Bu şu anlama gelmektedir; yabancı yatırımcıların takas oranı ile İMKB 100 endeksi arasında doğrusal bir ilişki vardır.

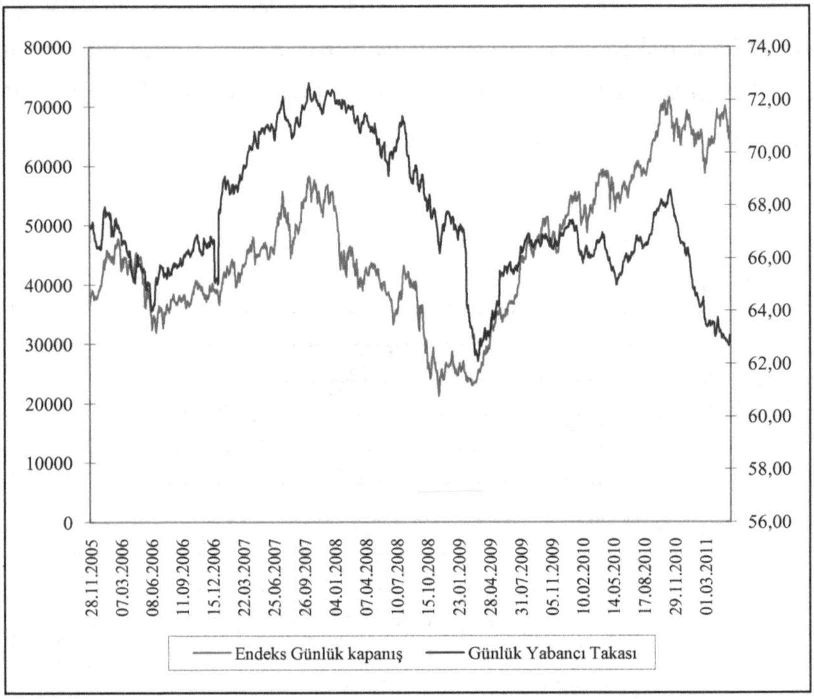

Şekil 2-4 2005–2011 Yılları Arasında İMKB 100 Endeksi ile Yabancı Takas Oranı Grafiği

Kaynak: http://imkb.gov.tr/Data/StocksData.aspx, (15 Mayıs 2011)

Al–Halalmeh ve Sayah (2010), yapmış oldukları çalışmada Ürdün'de Amman Hisse Senetleri Borsası'na yapılan doğrudan yabancı yatırımları incelemişlerdir. Bu inceleme sonucunda; Amman Hisse Senetleri Borsası'na yapılan yabancı yatırımlar hisse senetlerinin fiyatlarını etkilemektedir çünkü yatırımlar talep veya arzın yükselmesine sebep olmaktadırlar sonucunu çıkarmışlardır. Böylece fiyatlar bu durumdan pozitif veya negatif biçimde etkilenmektedir. Bu durum Amman Hisse Senetleri Borsası'ndan elde edilen verilerle tasdiklenmiştir. Hisse senetlerinin piyasa değerinin % 45–50'si doğrudan yabancı yatırımlardan oluşmaktadır.[65]

Shi vd. (2010), yapmış oldukları çalışmada doğrudan yabancı yatırımlarının hisse senetleri piyasalarında entegrasyona etkisini incelemişlerdir. Ülke borsaları arasında bağ kurma ve eşbütünleşmeyi sağlama noktasında, doğrudan yabancı sermaye girişlerinin belki de tüm diğer uluslararası ekonomik faaliyetlerden daha fazla potansiyele sahip olduğunu vurgulamışlardır.[66]

Ahlgren ve Antell (2010), yapmış oldukları çalışmada, finansal piyasaların globalleşmesinin uluslararası portföylerin performansı ve risk yönetim başarısı açısından önemli olduğunu belirtmektedirler. Yatırımcılar riskin uluslararası ölçüde çeşitlendirilmesi ile ilgilenmektedirler.[67]

Şekil 2-5'te G–8 ülkeleri ve Türkiye'ye yabancı yatırımcıların doğrudan yaptıkları hisse senedi yatırımları verilmiştir. Grafiklerin çiziminde kullanılan veriler Birleşmiş Milletler Ticaret ve Büyüme Konferansı'nın internet sayfasından derlenmiştir. Veriler 1994 ile 2009 yılları arasını kapsamaktadır. Grafiklerin tamamında eğilim yukarı yönlüdür. 2007 Global Finansal Kriz diye adlandırılan uluslararası finansal ve ekonomik kriz ile birlikte Japonya dışında tüm ülkelerde yabancı yatırımlarının seviyesi bir miktar azalmış ve daha sonra tekrar yükselme eğilimine girmiştir. Bu ülkelerin başında Türkiye ve Rusya gelmektedir. 2009 yılına

---

[65] Mohammad I. Al-Halalmeh and Abedalsttar M. Sayah, "Impact of Foreign Direct Investment on Shares Market Value in Amman Exchange Market", *American Journal of Economics and Business Administration,* 2010, c. 2, S. 1, s. 35-38.

[66] Jing Shi vd., "Foreign Direct Investment and International Stock Market Integration", *Australian Journal of Management,* 2010, c. 35, S. 3, s. 265-290.

[67] Niklas Ahlgren - Jan Antell, "Stock market linkages and financial contagion: A cobreaking analysis", *The Quarterly Review of Economics and Finance,* 2010, S. 50, s. 157-166.

gelindiğinde ise tek düşüş Japonya'da yaşanırken diğer tüm ülkelerde bir miktar yükseliş meydana gelmiştir.

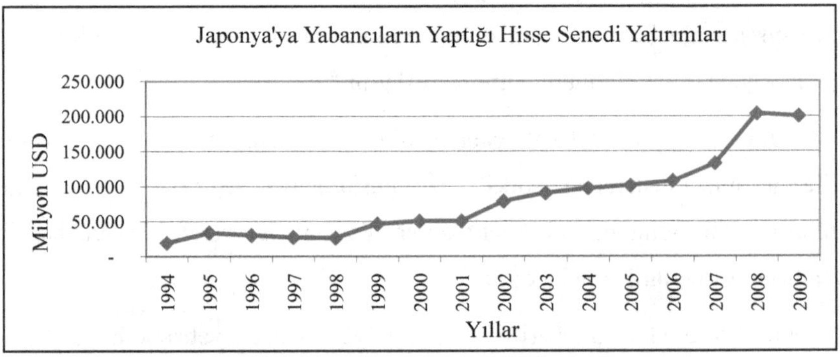

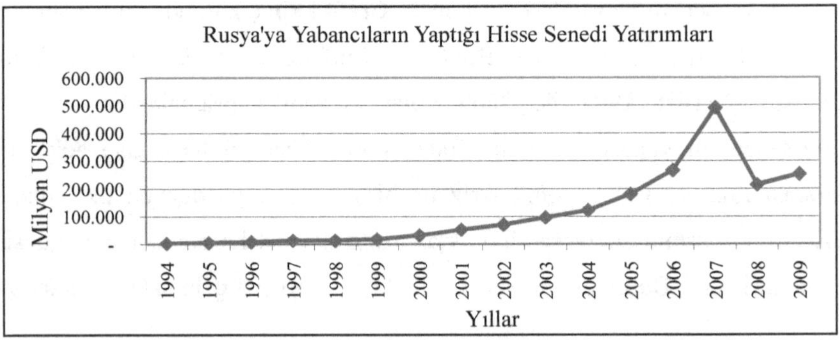

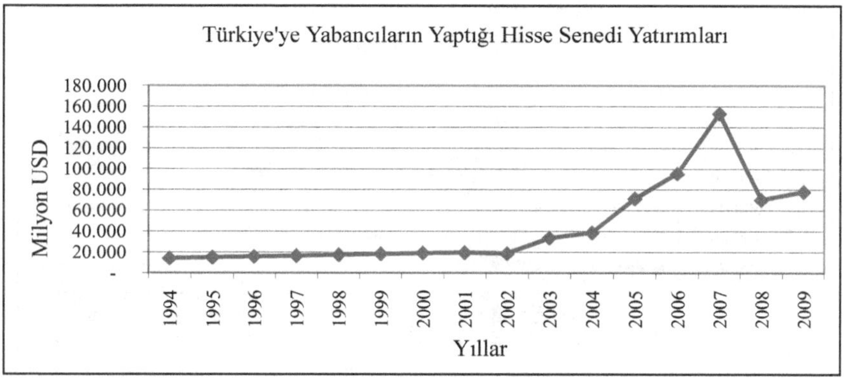
Türkiye'ye Yabancıların Yaptığı Hisse Senedi Yatırımları
Milyon USD
180.000
160.000
140.000
120.000
100.000
80.000
60.000
40.000
20.000
-
1994 1995 1996 1997 1998 1999 2000 2001 2002 2003 2004 2005 2006 2007 2008 2009
Yıllar

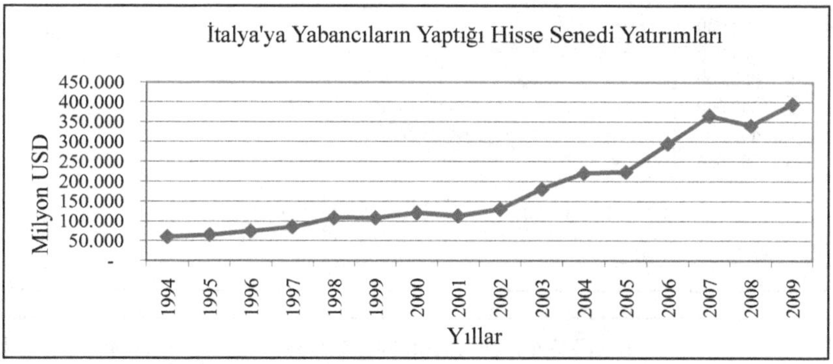
İtalya'ya Yabancıların Yaptığı Hisse Senedi Yatırımları
Milyon USD
450.000
400.000
350.000
300.000
250.000
200.000
150.000
100.000
50.000
-
1994 1995 1996 1997 1998 1999 2000 2001 2002 2003 2004 2005 2006 2007 2008 2009
Yıllar

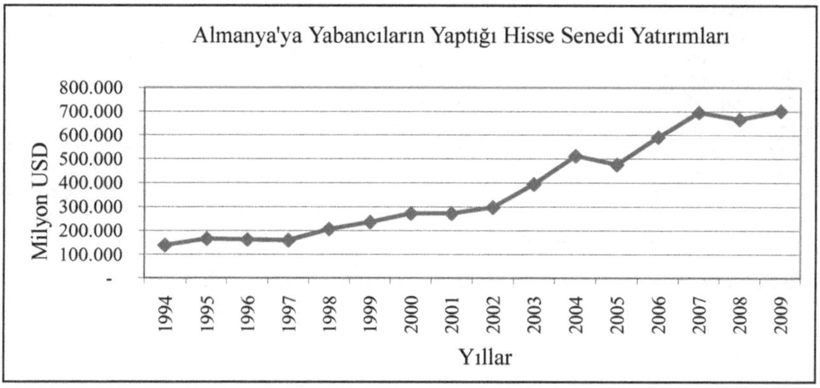
Almanya'ya Yabancıların Yaptığı Hisse Senedi Yatırımları
Milyon USD
800.000
700.000
600.000
500.000
400.000
300.000
200.000
100.000
-
1994 1995 1996 1997 1998 1999 2000 2001 2002 2003 2004 2005 2006 2007 2008 2009
Yıllar

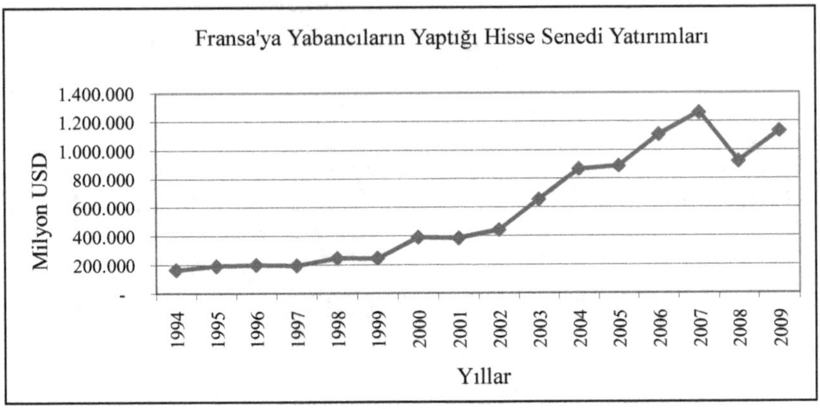

Fransa'ya Yabancıların Yaptığı Hisse Senedi Yatırımları
Milyon USD
1.400.000
1.200.000
1.000.000
800.000
600.000
400.000
200.000
-
1994
1995
1996
1997
1998
1999
2000
2001
2002
2003
2004
2005
2006
2007
2008
2009
Yıllar

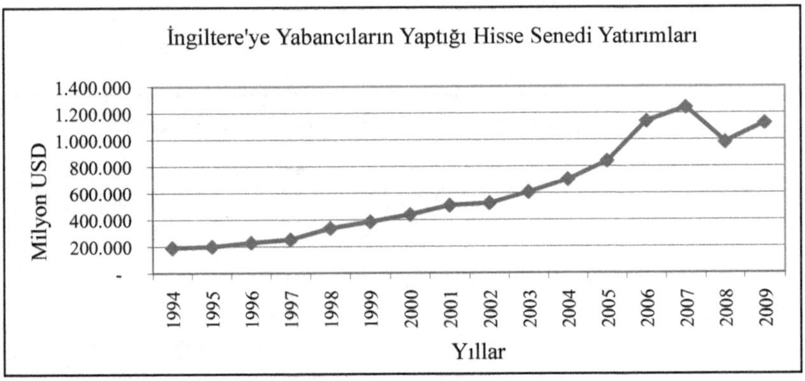

İngiltere'ye Yabancıların Yaptığı Hisse Senedi Yatırımları
Milyon USD
1.400.000
1.200.000
1.000.000
800.000
600.000
400.000
200.000
-
1994
1995
1996
1997
1998
1999
2000
2001
2002
2003
2004
2005
2006
2007
2008
2009
Yıllar

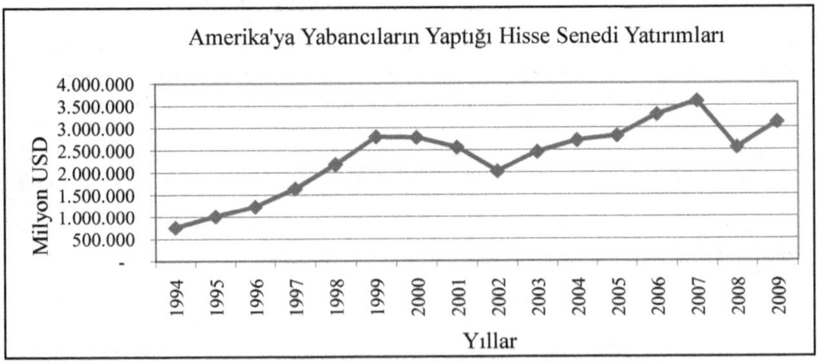

Amerika'ya Yabancıların Yaptığı Hisse Senedi Yatırımları
Milyon USD
4.000.000
3.500.000
3.000.000
2.500.000
2.000.000
1.500.000
1.000.000
500.000
-
1994
1995
1996
1997
1998
1999
2000
2001
2002
2003
2004
2005
2006
2007
2008
2009
Yıllar

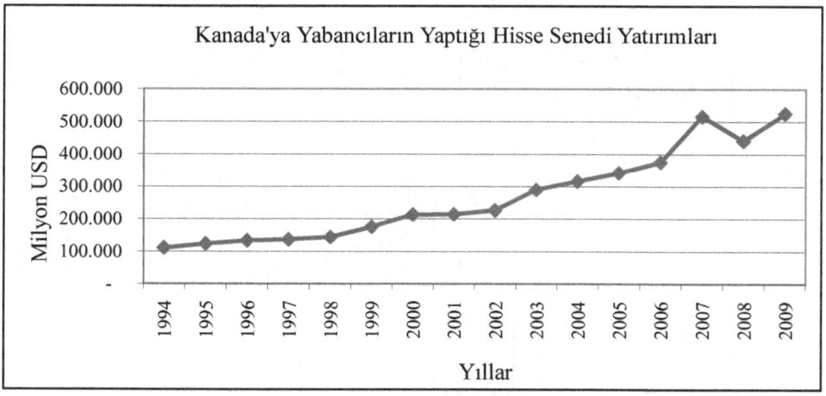

Şekil 2-5 G–8 Ülkeleri ve Türkiye'ye Yabancıların Yaptığı Hisse Senedi Yatırımları

Kaynak: http://unctadstat.unctad.org/TableViewer/tableView.aspx, (01.06.2011).

Çizelge 2-1 1994–2009 Yılları Arasında G–20 Ülkelerinin Hisse Senetlerine Yabancıların Yaptıkları Yatırım Tutarları (Milyon USD)

		1994	1995	1996	1997	1998	1999	2000	2001	2002
1	Arjantin	22.428	27.991	33.589	42.084	47.898	62.088	67.769	79.504	43.146
2	Avustralya	95.519	104.074	116.724	101.042	105.944	120.589	118.858	121.925	150.335
3	Brezilya	61.826	47.887	54.846	69.721	99.505	102.331	122.250	121.948	100.863
4	Kanada	110.204	123.181	132.978	135.944	143.345	174.990	212.716	213.757	225.892
5	Çin	74.151	101.098	128.069	153.995	175.156	186.189	193.348	203.142	216.503
6	Fransa	163.447	191.434	200.156	195.864	246.214	244.668	390.953	384.465	441.135
7	Almanya	139.154	165.914	162.514	158.832	206.776	235.259	271.613	272.155	297.797
8	Hindistan	3.490	5.641	8.166	10.630	14.065	15.426	16.339	19.676	25.826
9	Endonezya	16.270	20.698	26.943	31.672	31.465	29.627	25.132	15.359	7.260
10	İtalya	60.376	65.350	74.640	85.468	108.822	108.638	121.170	113.435	130.819
11	Japonya	19.211	33.531	29.940	27.080	26.064	46.115	50.322	50.319	78.140
12	Güney Kore	8.227	9.497	11.510	14.151	19.223	29.106	38.110	53.210	62.660
13	Meksika	33.198	41.130	46.912	55.810	63.610	78.060	97.170	140.359	163.990
14	Rusya	3.280	5.601	8.145	13.612	12.912	18.303	32.204	52.919	70.884
15	Suudi Arabistan	16.478	17.056	17.120	17.177	17.271	17.394	17.577	17.281	17.734
16	Güney Afrika	12.610	15.005	13.232	16.733	15.672	51.777	43.451	30.569	30.604
17	Türkiye	14.048	14.933	15.655	16.460	17.400	18.183	19.163	19.534	18.684
18	Birleşik Krallık	189.588	199.772	228.643	252.959	337.386	385.146	438.631	506.686	523.320
19	Amerika	757.853	1.005.726	1.229.118	1.637.408	2.179.035	2.798.193	2.783.235	2.560.294	2.021.817

Kaynak: http://unctadstat.unctad.org/TableViewer/tableView.aspx, (01.06.2011)

Not: Listenin 20. ülkesi Avrupa Birliği'dir. İstatistik ülke bazlı olduğu için Avrupa Birliği'nin rakamlarına yer verilmemiştir.

Çizelgenin Devamı... 1994–2009 Yılları Arasında G–20 Ülkelerinin Hisse Senetlerine Yabancıların Yaptıkları Yatırım Tutarları (Milyon USD)

		2003	2004	2005	2006	2007	2008	2009	1994'ten bu güne % değişim	2000'den bu güne % değişim
1	**Arjantin**	48.262	52.507	55.139	60.253	67.574	77.066	80.996	361	120
2	**Avustralya**	213.911	284.951	242.167	296.223	385.042	305.519	328.090	343	276
3	**Brezilya**	132.818	161.259	181.344	220.621	309.668	287.697	400.808	648	328
4	**Kanada**	289.140	315.263	341.630	375.157	516.283	441.638	524.938	476	247
5	**Çin**	228.371	245.467	272.094	292.559	327.087	378.083	473.083	638	245
6	**Fransa**	653.105	867.490	888.931	1.107.299	1.260.244	920.842	1.132.961	693	290
7	**Almanya**	394.529	512.094	476.011	591.460	695.498	666.037	701.643	504	258
8	**Hindistan**	32.549	38.060	43.202	70.870	105.790	123.294	163.959	4698	1003
9	**Endonezya**	10.328	15.858	41.187	54.534	79.927	67.964	72.841	448	290
10	**İtalya**	180.891	220.720	224.079	294.876	364.839	339.927	393.990	653	325
11	**Japonya**	89.729	96.984	100.899	107.633	132.851	203.372	200.141	1042	398
12	**Güney Kore**	66.070	87.770	104.880	119.140	119.630	94.680	110.770	1346	291
13	**Meksika**	180.580	204.396	226.740	246.520	273.831	297.001	309.523	932	319
14	**Rusya**	96.729	122.295	180.228	265.873	491.232	213.734	252.456	7698	784
15	**Suudi Arabistan**	18.512	20.454	33.535	50.659	73.480	111.631	147.145	893	837
16	**Güney Afrika**	46.869	64.451	78.986	87.765	110.415	68.007	125.085	992	288
17	**Türkiye**	33.518	38.598	71.182	95.326	153.124	70.118	77.729	553	406
18	**Birleşik Krallık**	606.158	701.913	840.652	1.139.155	1.242.949	980.920	1.125.066	593	256
19	**Amerika**	2.454.877	2.717.383	2.817.970	3.293.053	3.596.885	2.552.572	3.120.583	412	112

Kaynak: http://unctadstat.unctad.org/TableViewer/tableView.aspx, (01.06.2011)

Not: Listenin 20. ülkesi Avrupa Birliği'dir. İstatistik ülke bazlı olduğu için Avrupa Birliği'nin rakamlarına yer verilmemiştir.

Çizelge 2-1'de G–20 Ülkelerine yabancıların yaptığı hisse senedi yatırımları tablolar halinde görülmektedir. Veri seti 1994 ile 2009 yılları arasını kapsamaktadır. Yabancı sermaye yatırımlarındaki değişimi görmek için iki yüzde değişim hesaplanmıştır. Yüzde değişimlerden birincisinde 1994 yılından 2009 yılına nasıl bir değişim gerçekleştiği hesaplanırken ikincisinde ise 2000 yılından 2009'a kadar olan dönemde nasıl bir değişim gerçekleştiği hesaplanmıştır. 1994'ten 2009'a değişimde en fazla yabancı sermaye girişi % 7698 ile Rusya'ya gerçekleşmiştir. Rusya'yı sırasıyla % 4698 artış ile Hindistan ve % 1346 ile Güney Kore takip etmiştir. Türkiye'ye gelen hisse senedi yatırımı bu dönemde % 553 oranında artmıştır.

2000 yılından 2009 yılına kadar olan dönemde yabancı sermaye yatırımlarına bakıldığında en çok artış % 1003 ile Hindistan'da gerçekleşmiştir. Hindistan'ı % 837 ile Suudi Arabistan, % 784 ile Rusya ve % 406 ile Türkiye takip etmektedir. Türk hisse senetlerine yapılan yabancı yatırımlar 2000 yılında 19,1 milyar USD iken 2009 yıl sonu itibarıyla 77,7 milyar USD' dir. Ayrıca G–20 ülkeleri içinde Türkiye en az yatırım alan 2. ülkedir. Son sırada 72,8 milyar USD ile Endonezya bulunmaktadır.

Şekil 2-6'da ise G–8 ülkeleri ve Türkiye'nin yabancı ülke borsalarında yapmış oldukları yatırımlar grafiklerle gösterilmektedir. Tüm bu grafikler uluslararası finansın hızla globalleştiğini ve para hareketlerinin yoğunluğunu göz önüne sermektedir.

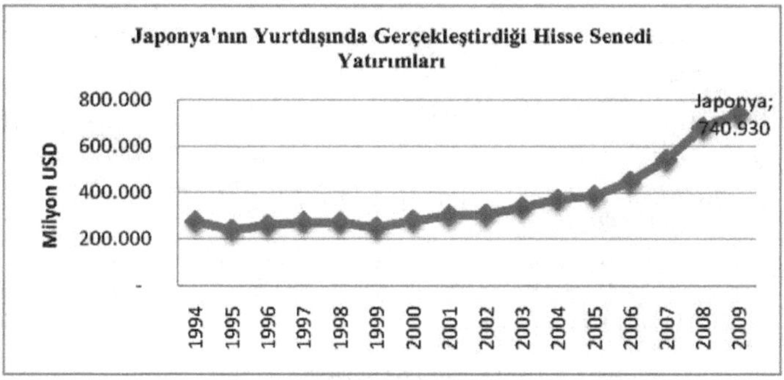
Japonya'nın Yurtdışında Gerçekleştirdiği Hisse Senedi Yatırımları
Milyon USD
800.000
600.000
400.000
200.000
-
Japonya; 740.930
1994
1995
1996
1997
1998
1999
2000
2001
2002
2003
2004
2005
2006
2007
2008
2009

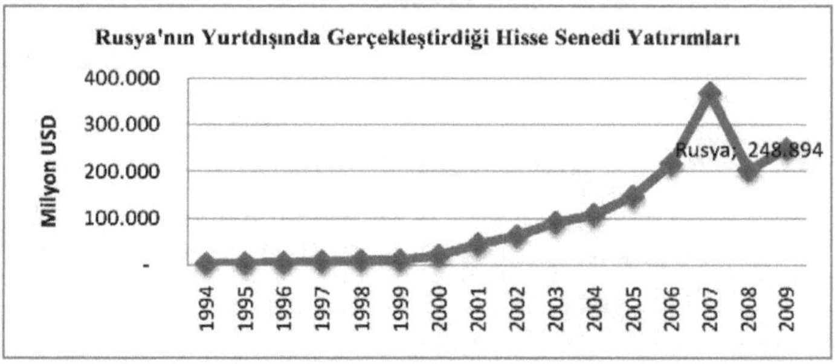
Rusya'nın Yurtdışında Gerçekleştirdiği Hisse Senedi Yatırımları
Milyon USD
400.000
300.000
200.000
100.000
-
Rusya; 248.894
1994
1995
1996
1997
1998
1999
2000
2001
2002
2003
2004
2005
2006
2007
2008
2009

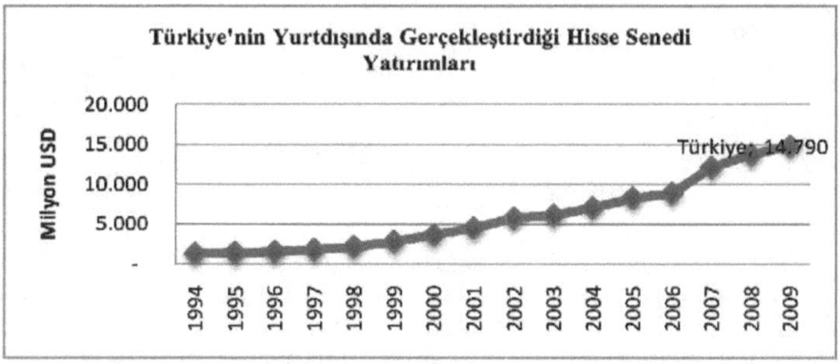
Türkiye'nin Yurtdışında Gerçekleştirdiği Hisse Senedi Yatırımları
Milyon USD
20.000
15.000
10.000
5.000
-
Türkiye; 14.790
1994
1995
1996
1997
1998
1999
2000
2001
2002
2003
2004
2005
2006
2007
2008
2009

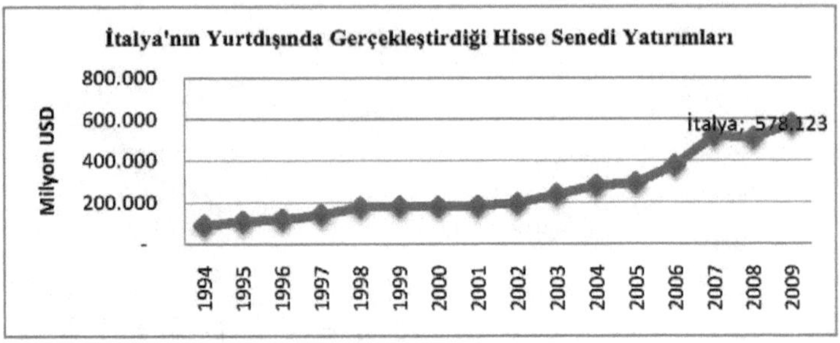
İtalya'nın Yurtdışında Gerçekleştirdiği Hisse Senedi Yatırımları
Milyon USD
800.000
600.000
400.000
200.000
-
İtalya; 578.123
1994 1995 1996 1997 1998 1999 2000 2001 2002 2003 2004 2005 2006 2007 2008 2009

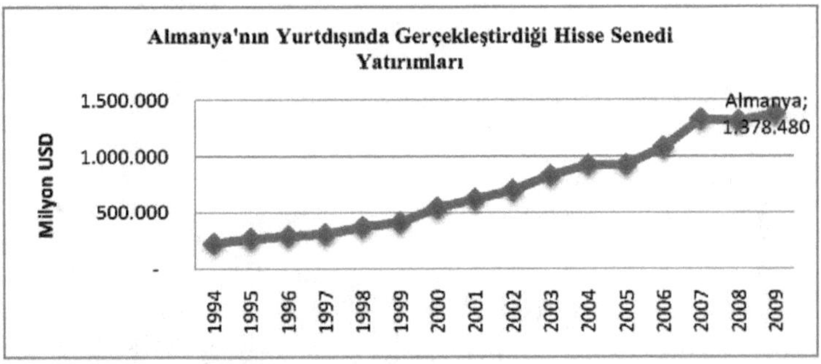
Almanya'nın Yurtdışında Gerçekleştirdiği Hisse Senedi Yatırımları
Milyon USD
1.500.000
1.000.000
500.000
-
Almanya; 1.378.480
1994 1995 1996 1997 1998 1999 2000 2001 2002 2003 2004 2005 2006 2007 2008 2009

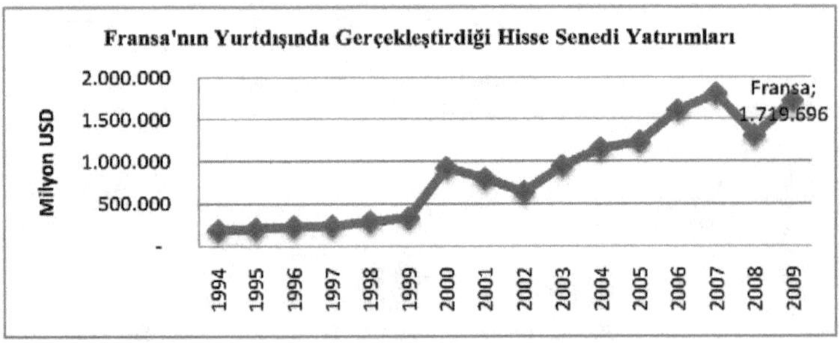
Fransa'nın Yurtdışında Gerçekleştirdiği Hisse Senedi Yatırımları
Milyon USD
2.000.000
1.500.000
1.000.000
500.000
-
Fransa; 1.719.696
1994 1995 1996 1997 1998 1999 2000 2001 2002 2003 2004 2005 2006 2007 2008 2009

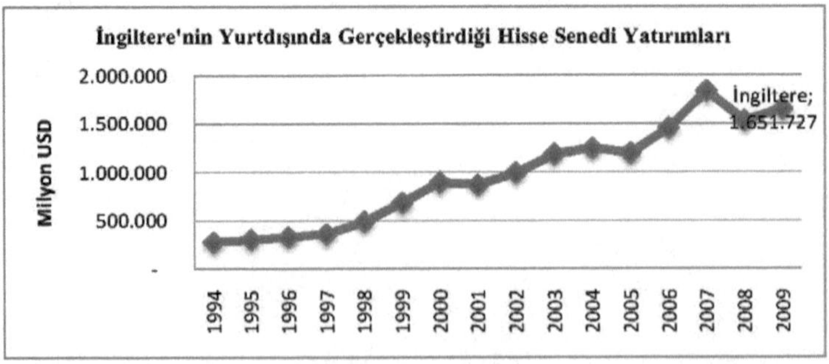
İngiltere'nin Yurtdışında Gerçekleştirdiği Hisse Senedi Yatırımları
Milyon USD
2.000.000
1.500.000
1.000.000
500.000
-
İngiltere; 1.651.727
1994 1995 1996 1997 1998 1999 2000 2001 2002 2003 2004 2005 2006 2007 2008 2009

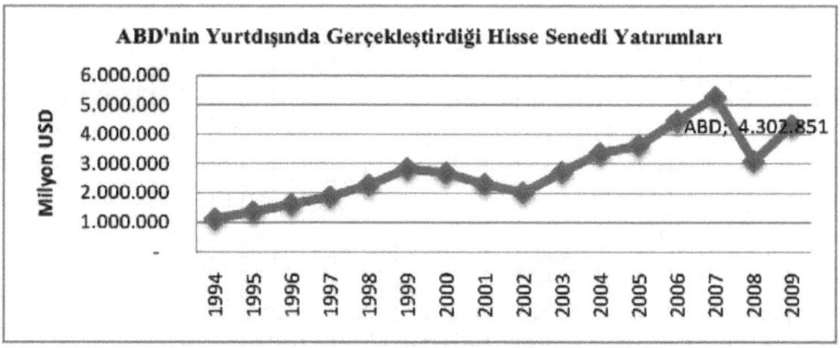

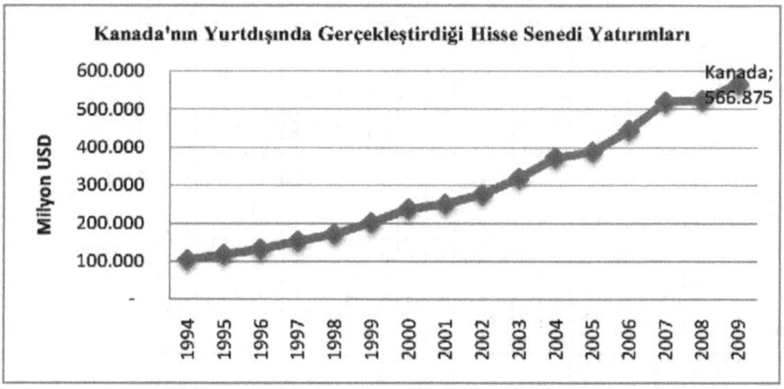

Şekil 2-6 G-8 Ülkeleri ve Türkiye'nin Yurtdışında Gerçekleştirdiği Hisse Senedi Yatırımları

Kaynak: http://unctadstat.unctad.org/TableViewer/tableView.aspx, (01.06.2011).

Çizelge 2-2 1994–2009 Yılları Arasında G–20 Ülkelerinin Yabancı Borsalarda Gerçekleştirmiş Olduğu Hisse Senedi Yatırımları (Milyon USD)

		1994	1995	1996	1997	1998	1999	2000	2001	2002
1	**Arjantin**	9.148	10.696	12.374	16.034	18.335	20.118	21.141	21.283	20.618
2	**Avustralya**	47.774	53.009	66.816	71.935	78.635	89.556	95.979	122.264	128.912
3	**Brezilya**	43.378	44.474	44.005	45.120	47.974	49.665	51.946	49.689	54.423
4	**Kanada**	104.302	118.105	132.329	152.968	171.780	201.434	237.639	250.693	275.699
5	**Çin**	15.768	17.768	19.882	22.444	25.078	26.853	27.768	34.654	37.172
6	**Fransa**	182.327	204.431	231.094	237.271	288.070	334.097	925.925	798.365	638.788
7	**Almanya**	225.735	268.419	290.837	308.839	372.493	413.395	541.866	617.766	695.793
8	**Hindistan**	376	495	735	617	706	1.707	1.733	2.532	4.071
9	**Endonezya**	4.577	5.896	6.496	6.674	6.718	6.790	6.940	7.065	7.247
10	**İtalya**	89.629	106.323	117.341	139.546	176.963	181.852	180.275	182.375	194.496
11	**Japonya**	275.574	238.452	258.612	271.905	270.035	248.777	278.442	300.114	304.237
12	**Güney Kore**	7.471	10.231	13.828	16.822	20.293	23.334	26.833	19.970	20.730
13	**Meksika**	4.444	4.181	4.219	5.327	6.010	7.910	8.273	12.078	12.869
14	**Rusya**	2.588	3.346	4.390	7.633	8.866	9.553	20.141	44.219	62.350
15	**Suudi Arabistan**	2.477	2.567	2.899	3.202	3.342	3.440	4.990	5.035	7.055
16	**Güney Afrika**	19.098	23.288	24.342	23.245	26.850	32.993	32.325	17.580	21.980
17	**Türkiye**	1.305	1.418	1.528	1.779	2.146	2.791	3.659	4.548	5.814
18	**Birleşik Krallık**	276.744	304.865	330.433	360.796	488.372	686.420	897.845	869.700	994.136
19	**Amerika**	1.114.582	1.363.792	1.608.340	1.879.285	2.279.601	2.839.639	2.694.014	2.314.934	2.022.588

Kaynak: http://unctadstat.unctad.org/TableViewer/tableView.aspx, (01.06.2011).

Çizelgenin Devamı... 1994–2009 Yılları Arasında G–20 Ülkelerinin Yabancı Borsalarda Gerçekleştirmiş Olduğu Hisse Senedi Yatırımları (Milyon USD)

		2003	2004	2005	2006	2007	2008	2009	1994'ten 2009'a % değişim	2000'den 2009'a % değişim
1	**Arjantin**	21.500	21.804	23.340	25.897	27.544	28.749	29.428	322	139
2	**Avustralya**	183.951	229.203	208.901	266.964	339.209	239.916	343.632	719	358
3	**Brezilya**	54.892	69.196	79.259	113.925	136.103	162.218	157.667	363	304
4	**Kanada**	318.955	372.670	388.317	445.241	519.320	523.960	566.875	543	239
5	**Çin**	33.222	44.777	57.206	73.330	95.799	147.949	229.600	1456	827
6	**Fransa**	946.736	1.153.834	1.232.237	1.609.818	1.805.591	1.308.157	1.719.696	943	186
7	**Almanya**	830.754	925.146	927.489	1.081.316	1.331.751	1.315.775	1.378.480	611	254
8	**Hindistan**	6.073	7.734	9.741	27.036	44.080	62.451	77.207	20520	4454
9	**Endonezya**	7.459	10.867	13.932	16.658	21.333	27.233	30.183	659	435
10	**İtalya**	238.887	280.481	293.475	378.931	520.084	511.461	578.123	645	321
11	**Japonya**	335.500	370.544	386.581	449.567	542.614	680.331	740.930	269	266
12	**Güney Kore**	24.990	32.170	38.680	49.190	74.780	97.910	115.620	1548	431
13	**Meksika**	16.587	21.673	29.641	36.447	44.703	45.860	53.458	1203	646
14	**Rusya**	90.873	107.291	146.679	216.488	370.161	202.837	248.894	9617	1236
15	**Suudi Arabistan**	7.528	7.607	14.210	19.608	32.338	33.788	40.314	1627	808
16	**Güney Afrika**	27.185	39.083	37.706	50.826	65.878	49.788	64.309	337	199
17	**Türkiye**	6.134	7.074	8.302	8.892	12.146	13.745	14.790	1133	404
18	**Birleşik Krallık**	1.187.046	1.247.190	1.198.637	1.454.904	1.835.639	1.531.128	1.651.727	597	184
19	**Amerika**	2.729.126	3.362.796	3.637.996	4.470.343	5.274.991	3.103.704	4.302.851	386	160

Kaynak: http://unctadstat.unctad.org/TableViewer/tableView.aspx, (01.06.2011).

1994–2009 Yılları arasında G–20 ülkelerinin yabancı borsalarda gerçekleştirdiği hisse senedi yatırımları Çizelge 2-2'de verilmiştir. Bu tablodaki veriler kullanılarak son iki sütunda artış oranları hesaplanmıştır. Bu oranlardan birincisi 1994 ile 2009 arasındaki değişimi göstermektedir. İkinci sütun ise 2000 ile 2009 arasındaki artış oranlarını göstermektedir. 1994 yılından 2009 yılına kadar süreçte uluslararası piyasalara en çok yatırım yapan ülke ABD olmuştur. Bu süreçte oransal olarak en çok artış % 20520 ile Hindistan tarafından gerçekleştirilmiştir. Hindistan'ı % 9617 ile Rusya ve % 1627 ile Suudi Arabistan takip etmektedir. 2000 yılından 2009 yılına kadar olan süreçte en çok dış yatırım artışını % 4454 ile Hindistan gerçekleştirmiştir. Bu artışı % 1236 ile Rusya ve % 827 ile Çin takip etmektedir. Burada dikkat çeken en önemli nokta; Dünya'nın önemli ekonomilerinden Rusya ve Çin 2000 yılından sonraki süreçte dışa açılmada hızlı bir eğilim yakalamışlardır. 2009 yılı rakamlarına göre Türkiye'nin yabancı borsalarda gerçekleştirdiği hisse senedi yatırımları 14,7 milyar USD olarak gerçekleşmiştir. Bu rakam G–20 ülkeleri arasındaki en küçük rakamdır.

Çizelge 2-3'te 2011 yılı Ocak ayı itibarıyla, G–20 ülkelerine ait hisse senedi borsalarındaki yerli ve yabancı şirketlerin sayıları gösterilmiştir. En fazla yabancı şirket 600 ile Londra Hisse Senetleri Borsası'ndadır. Bu borsayı 520 ile New York Borsası ve 297 şirket ile Meksika Borsası takip etmektedir. Şirketler yabancı borsalara kote olduklarında ve bu borsalarda işlem gördüklerinde bu borsalarda meydana gelen fiyat değişimleri ana ülkedeki şirketi de etkilemektedir. Ayrıca bu şirketler yatırımcılarını kendileri ile birlikte yabancı ülke borsalarına taşıyabilmektedir. Böylece uluslararası yatırımcı hareketliliği ortaya çıkmaktadır.

Çizelge 2-3 G–20 Ülkelerine Ait Borsalarda Yerli Yabancı Şirket Sayıları

	Borsa	Ülke	2011 Ocak Toplam	2011 Ocak Yerli Şirket	2011 Ocak Yabancı Şirket
1	Buenos Aires Hisse Senetleri Borsası	Arjantin	106	100	6
2	Avustralya Hisse Senetleri Borsası	Avustralya	2 007	1 919	88
3	Sao Paulo Hisse Senetleri Borsası	Brezilya	373	365	8
4	TMX Grup	Kanada	3 743	3 654	89
5	Shanghai Hisse Senetleri Borsası	Çin	899	899	0
6	NYSE Euronext Paris	Fransa	1 133	980	153
7	Deutsche Börse	Almanya	755	681	74
8	Bombay Hisse Senetleri Borsası	Hindistan	5 047	5 047	0
9	Jakarta Hisse Senetleri Borsası	Endonezya	421	421	0
10	Borsa Italiana*	İtalya			
11	Tokyo Hisse Senetleri Borsası	Japonya	2 291	2 279	12
12	Meksika Borsası	Meksika	428	131	297
13	MICEX	Rusya	250	249	1
14	Suudi Hisse Senetleri Borsası - Tadawul	Suudi Arabistan	146	146	0
15	Johannesburg Hisse Senetleri Borsası	Güney Afrika	395	350	45
16	Kore Borsası	Güney Kore	1 808	1 790	18
17	Borsa İstanbul	Türkiye	340	339	1
18	Londra Hisse Senetleri Borsası	İngiltere	2 954	2 354	600
19	NYSE Euronext (Amerika)	ABD	2 316	1 796	520

* Borsa Londra Hisse Senetleri Borsası Grubu ile birleştiği için İtalya'ya ilişkin veriler Londra Hisse Senetleri Borsası verilerine dahil edilmiştir.

Kaynak: http://www.world–exchanges.org/statistics/ytd–monthly, (02.06.2011)

2.2. İLETİŞİM VE ULAŞIM OLANAKLARININ GELİŞMESİ

Günümüzde e–iş, e–alışveriş ve e–iletişim internet kullanımına paralel biçimde gelişim göstermektedir. Yatırımcılar internet aracılığı ile geçmişte yüksek maliyetlerle ulaşılabilen borsa bilgilerine ve ekonomik haberlere bugün evlerinden, işyerlerinden veya mobil halde iken iletişim araçlarıyla kolaylıkla ulaşabilmektedirler. Bu bilgiler hem yurtiçi bilgiler hem de yurtdışı bilgilerdir. Türkiye'de bireysel bankacılık faaliyetleri yürüten bankalar, aracı kurumlar ve yatırım şirketlerinin çok büyük bir bölümünün internet bankacılık hizmetleri vardır. Bankalar birliğine kayıtlı 44 bankanın tümünün internet sayfaları bulunmaktadır.[68] Bu olanaklar G–20 ülkelerinde yatırım yapmak isteyen uluslararası yatırımcıların işlem hızını ve işlem kolaylığını arttırmaktadır.

Lu ve Mourdoukoutas'ın (1997) Tokyo ve New York borsalarının etkileşimini konu alan çalışmalarında iletişim olanaklarındaki gelişim ve dünya ekonomilerinin ticaret ve finans alanlarında birbirlerine yakınlaşması, büyük bir ekonomik etkiye yol açmaktadır ve ülkeler diğer büyük ekonomilerden etkilenmektedir, sonucuna ulaşılmıştır. Yazarlara göre ülkelerde meydana gelen iktisadi problemler yine ülkelerin ortak alacağı uluslararası politikalarla giderilebilecektir.[69]

2.3. BİLGİ TEKNOLOJİLERİNDEKİ GELİŞMELER

Günümüzde gelişmiş ülkelerde kurumsal yatırımcıların yönettiği fonlarda büyük artışlar olmuştur. Bilgi ve iletişim teknolojisindeki gelişmeler de fonların dünya ölçeğinde kolayca hareket etmesine olanak sağlamıştır.[70]

---

[68] http://www.tbb.org.tr/tr/Banka_ve_Sektor_Bilgileri/Banka_Web.aspx, (01.06.2011).

[69] Laura Lu - Panos Mourdoukoutas, "Global Equity Market Interdependence: Tokyo versus Wall Street", *European Business Review,* 1997, c. 97, S. 6, s. 259-262.

[70] Seyidoğlu, *a.g.m.*, s. 142.

Hsieh vd. (2010), yapmış oldukları çalışmada, son yıllarda sermaye piyasalarındaki globalleşme ve bilgi teknolojilerindeki gelişmelerin, uluslararası borsalarda fiyatlandığını ve ekonomik döngü alanlarında fiyatlara yansımakta olduğunu belirtmişlerdir. Bilgi teknolojilerindeki değişim ve gelişim işlemlerin gerçekleşme şeklini de değiştirmiştir. Örneğin Türkiye'de geçmişte aracı kullanılarak gerçekleştirilen işlemlerin çok büyük bir bölümü elektronik ortamda verilen emirler şeklinde gerçekleşir hale gelmiştir.[71]

2011 Nisan ayı itibarıyla Borsa İstanbul hisse senetleri piyasasında gerçekleşen işlemlerin sayılarına bakıldığında işlemlerin % 99'unu otomatik olarak bilgisayar sistemleri üzerinden gelen emirler oluştururken, aracı kurumların aracılık hizmetleri ile gerçekleşen işlemler % 1'lik bölümü oluşturmaktadır.[72]

2.4. PARA VE SERMAYE PİYASALARINDAKİ KISITLAMALARIN KALDIRILMASI

Furstenberg ve Jean (1989), yapmış oldukları çalışmada 1986 yılından bu yana büyük hisse senedi borsalarının piyasalardaki kısıtlamaların azalmasıyla artan bir biçimde uluslararası hale geldiğini belirtmektedirler.[73]

Syllignakis ve Kouretas (2010), yapmış oldukları çalışmada Almanya, Amerika Birleşik Devletleri ve Orta Doğu Avrupa Borsaları arasındaki eşbütünleşmeyi incelemişlerdir. Bu çalışmada para ve sermaye piyasalarındaki kısıtlamaların

---

[71] Kunlin Hsieh – Yuching Hsieh – Shigeyuki Hamori, "The Interdependence of Taiwanese and Japanese Stock Prices", *Munich Personal RePEc Archive,* 2010, s. 1-14.

[72] http://www.world-exchanges.org/statistics/ytd-monthly, (01.06.2011)

[73] George M. Von Furstenberg – Bang Nam Jeon, " International Stock Price Movements: Links and Messages", *Brookings Papers on Economic Activity,* 1989, S. 1, s. 125.

kaldırılmasının ve liberalleşme eğilimlerinin sonucunda eşbütünleşmenin arttığını bulmuşlardır.[74]

2.5. ULUSLARARASI TİCARETİN YÜKSELİŞİ

Dış ticarette mal ve hizmet satışı ile ülkelere para girişi sağlanırken, ithalat ile ülkeden para çıkar. İhracat ve ithalat rakamlarının büyümesi bir ülkeyi yurtdışı piyasalar ile daha yakından ilgilenmeye ve bu piyasalar hakkında daha çok bilgi sahibi olmaya zorlamaktadır. Çünkü ihracat veya ithalat yaptığımız ülkelerde yaşanabilecek bazı sosyo-ekonomik olaylar dış ticaret istatistiklerimize olumlu ya da olumsuz olarak yansıyabilir. Bu durumda, mal ve hizmet üretimlerini bu ülkelere satan veya bu ülkelerden mal ve hizmet satın alan halka açık şirketlerin hisse senetleri fiyatları değişim gösterebilir. Çizelge 2-4'te G–20 ülkelerinin 1994 ile 2009 yılları arasındaki mal ve hizmet ihracatları gösterilmektedir. G–20 ülkeleri içinde 2009 sonu itibarıyla en çok ihracat yapan ülke 1561 milyar USD ile ABD'dir. En az ihracat yapan ülke ise 67 milyar USD ile Arjantin'dir. 1994'ten 2009 yılına kadar olan dönemde en çok ihracat artışı yapan ülke % 967 ile Çin'dir. Çin'i sırasıyla % 817 artış ile Hindistan ve % 468 artış ile Türkiye takip etmektedir. 2000 yılından 2009 yılına kadar olan dönemde ise en çok artışı sırasıyla % 476 ile Çin, % 430 ile Hindistan ve % 300 ile Rusya sağlamıştır. Belirtilen yıllar arasında en az artış % 118 ile Kanada'da yaşanmıştır.

Şekil 2-7'de G–20 ülkelerinin 1994 yılı ile 2009 yılları arasındaki ihracat ve ithalat grafikleri yan yana görülmektedir. Ülkelerin hem ihracat hem de ithalat rakamları giderek büyümektedir. Bu da bize ticari anlamda globalleşmenin hızla arttığını göstermektedir.

---

[74] Manolis N. Syllignakis - Georgios P. Kouretas, "German, US and Central and Eastern European Stock Market Integration", *Open Economies Review,* 2010, c. 21, S. 4, s. 607-626.

Çizelge 2-4 G–20 Ülkelerinin 1994–2009 Yılları Arasındaki Mal ve Hizmet İhracatı (Milyon USD)

		1994	1995	1996	1997	1998	1999	2000	2001	2002
1	**Arjantin**	19.203	24.789	28.216	31.030	31.288	28.027	31.277	31.170	29.145
2	**Avustralya**	62.036	69.602	79.401	82.239	73.067	74.978	83.765	81.479	84.627
3	**Brezilya**	48.453	52.641	52.402	58.983	58.771	55.202	64.617	67.609	69.990
4	**Kanada**	189.334	218.331	230.884	246.010	248.143	274.570	316.847	298.653	292.874
5	**Çin**	137.626	167.910	171.649	207.361	207.607	221.179	279.634	299.432	365.341
6	**Fransa**	326.540	385.985	388.622	382.948	405.278	407.467	409.505	405.334	418.886
7	**Almanya**	492.311	603.733	607.768	595.654	627.730	627.973	633.598	659.878	716.065
8	**Hindistan**	31.060	37.405	40.343	44.119	45.128	50.176	59.064	60.698	69.850
9	**Endonezya**	45.019	52.923	56.413	63.238	54.849	55.841	70.621	62.865	65.828
10	**İtalya**	244.891	295.403	317.598	307.420	313.109	294.573	296.480	301.960	313.664
11	**Japonya**	455.302	508.390	478.613	490.261	450.339	480.365	548.487	468.012	482.438
12	**Güney Kore**	112.819	147.885	153.127	162.465	157.878	170.214	202.802	179.494	190.859
13	**Meksika**	71.203	89.321	106.723	121.614	129.121	148.125	180.124	171.248	173.422
14	**Rusya**	76.250	93.480	103.844	103.088	87.256	84.732	115.130	113.326	121.288
15	**Suudi Arabistan**	45.956	53.516	63.497	64.983	43.545	56.062	82.260	72.981	77.641
16	**Güney Afrika**	30.001	34.402	35.495	36.561	34.595	33.744	36.995	35.909	36.757
17	**Türkiye**	28.907	36.205	36.328	45.678	50.257	43.038	47.303	46.568	50.105
18	**Birleşik Krallık**	274.840	317.766	348.748	382.060	386.279	391.490	405.117	393.464	414.179
19	**Amerika**	710.972	802.096	862.688	943.315	942.944	975.407	1.077.883	1.012.154	981.891

Kaynak: http://unctadstat.unctad.org/TableViewer/tableView.aspx, (01.06.2011).

Çizelgenin Devamı... G–20 Ülkelerinin 1994–2009 Yılları Arasındaki Mal ve Hizmet İhracatı (Milyon USD)

		2003	2004	2005	2006	2007	2008	2009	1994'ten 2009'a % değişim	2000'den 2009'a % değişim
1	**Arjantin**	34.066	39.864	46.986	54.591	66.142	82.658	67.019	349	214
2	**Avustralya**	95.293	114.906	136.879	156.381	181.595	232.205	195.240	315	233
3	**Brezilya**	83.650	109.261	134.577	157.269	184.603	228.393	180.723	373	280
4	**Kanada**	317.066	354.814	415.259	449.884	481.992	520.173	375.120	198	118
5	**Çin**	484.962	655.760	836.357	1.061.379	1.339.996	1.575.772	1.331.290	967	476
6	**Fransa**	492.732	565.925	585.461	624.370	700.738	766.424	617.974	189	151
7	**Almanya**	873.722	1.055.756	1.137.114	1.301.909	1.548.603	1.701.671	1.348.032	274	213
8	**Hindistan**	82.865	114.930	152.147	191.536	236.916	297.480	253.727	817	430
9	**Endonezya**	69.402	83.830	99.106	115.006	131.216	162.887	133.262	296	189
10	**İtalya**	370.419	437.673	462.200	515.488	611.426	660.727	505.659	206	171
11	**Japonya**	549.438	663.286	705.115	767.229	829.655	935.185	709.183	156	129
12	**Güney Kore**	226.774	295.727	329.548	375.356	434.838	499.186	420.127	372	207
13	**Meksika**	178.013	203.131	230.028	266.833	289.664	310.307	245.106	344	136
14	**Rusya**	152.158	203.802	268.769	335.028	393.660	522.920	345.110	453	300
15	**Suudi Arabistan**	98.957	131.850	191.982	225.225	249.163	322.801	185.185	403	225
16	**Güney Afrika**	47.140	58.109	67.561	78.038	89.739	98.923	78.552	262	212
17	**Türkiye**	65.266	86.127	100.246	111.135	136.299	167.023	135.348	468	286
18	**Birleşik Krallık**	463.546	544.602	591.995	685.653	723.308	746.942	587.048	214	145
19	**Amerika**	1.025.824	1.168.096	1.292.453	1.470.396	1.663.676	1.846.699	1.561.516	220	145

Kaynak: http://unctadstat.unctad.org/TableViewer/tableView.aspx, (01.06.2011).

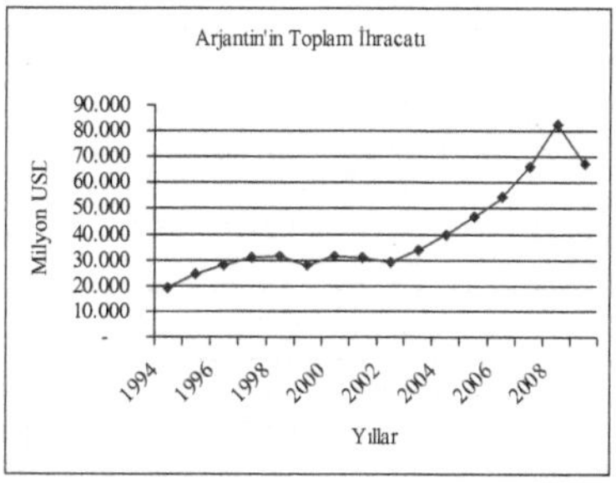
Arjantin'in Toplam İhracatı
Milyon USD
90.000
80.000
70.000
60.000
50.000
40.000
30.000
20.000
10.000
-
1994
1996
1998
2000
2002
2004
2006
2008
Yıllar

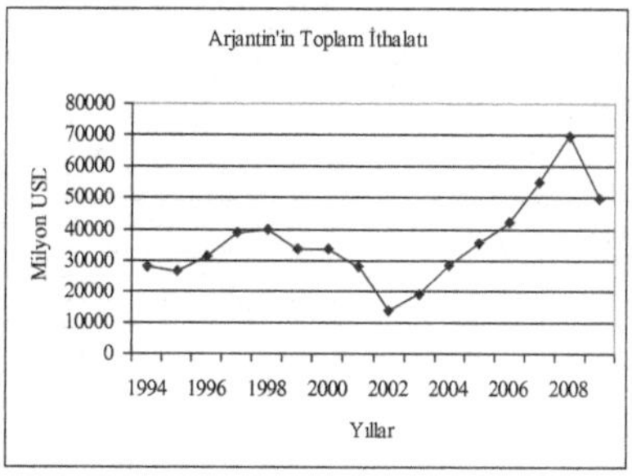
Arjantin'in Toplam İthalatı
Milyon USD
80000
70000
60000
50000
40000
30000
20000
10000
0
1994
1996
1998
2000
2002
2004
2006
2008
Yıllar

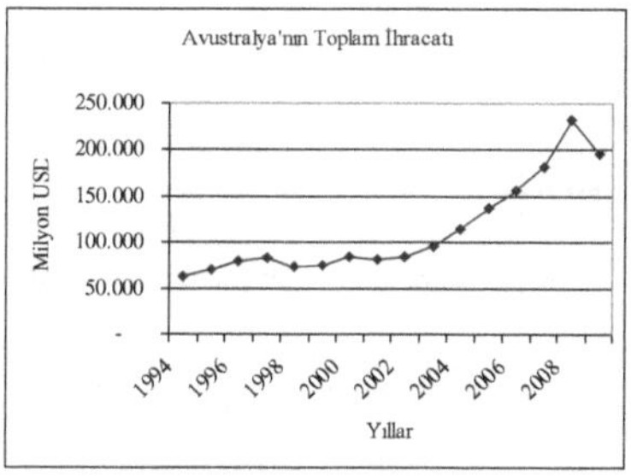
Avustralya'nın Toplam İhracatı
Milyon USD
250.000
200.000
150.000
100.000
50.000
-
1994
1996
1998
2000
2002
2004
2006
2008
Yıllar

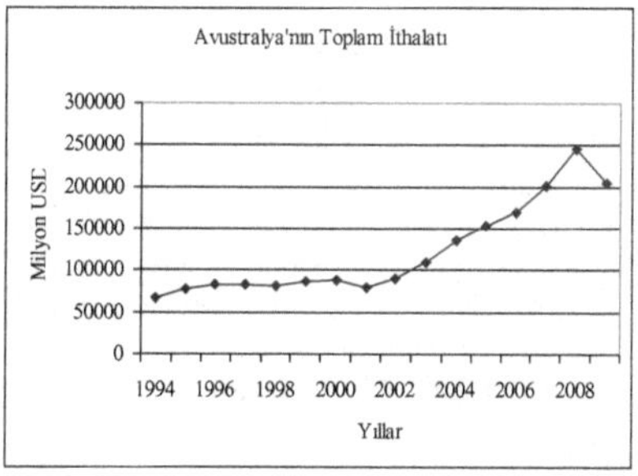
Avustralya'nın Toplam İthalatı
Milyon USD
300000
250000
200000
150000
100000
50000
0
1994
1996
1998
2000
2002
2004
2006
2008
Yıllar

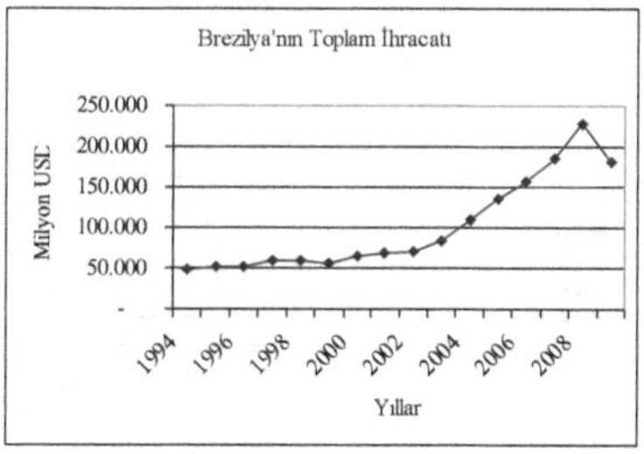
Brezilya'nın Toplam İhracatı
Milyon USD
250.000
200.000
150.000
100.000
50.000
-
1994
1996
1998
2000
2002
2004
2006
2008
Yıllar

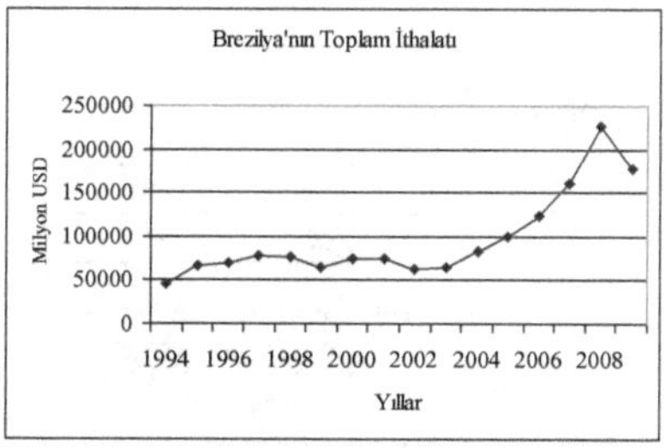
Brezilya'nın Toplam İthalatı
Milyon USD
250000
200000
150000
100000
50000
0
1994
1996
1998
2000
2002
2004
2006
2008
Yıllar

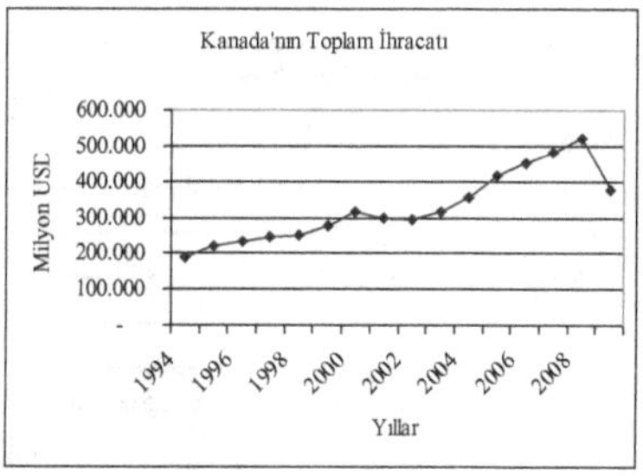
Kanada'nın Toplam İhracatı
Milyon USD
600.000
500.000
400.000
300.000
200.000
100.000
-
1994
1996
1998
2000
2002
2004
2006
2008
Yıllar

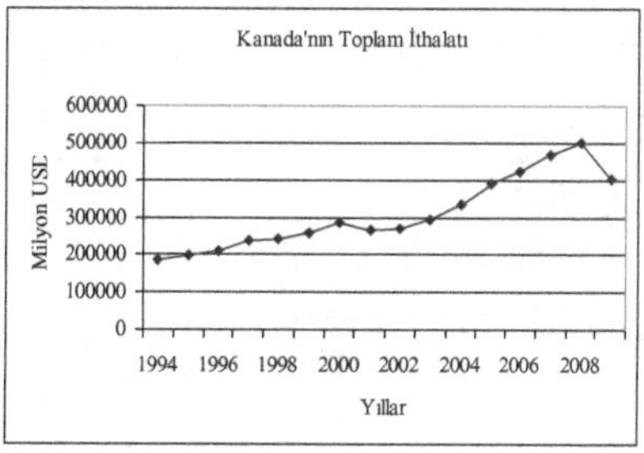
Kanada'nın Toplam İthalatı
Milyon USD
600000
500000
400000
300000
200000
100000
0
1994
1996
1998
2000
2002
2004
2006
2008
Yıllar

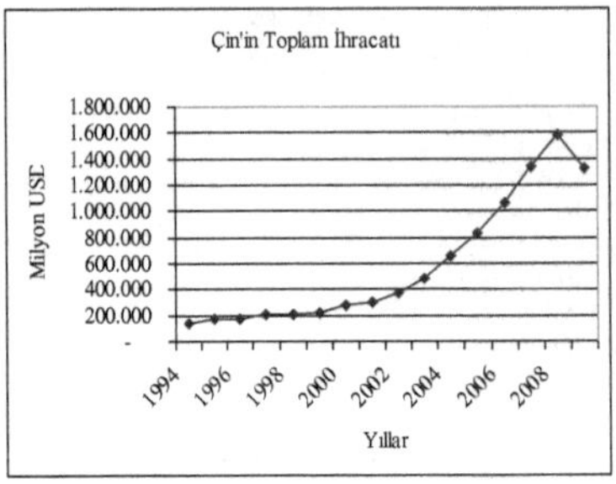
Çin'in Toplam İhracatı
Milyon USD
1.800.000
1.600.000
1.400.000
1.200.000
1.000.000
800.000
600.000
400.000
200.000
-
1994
1996
1998
2000
2002
2004
2006
2008
Yıllar

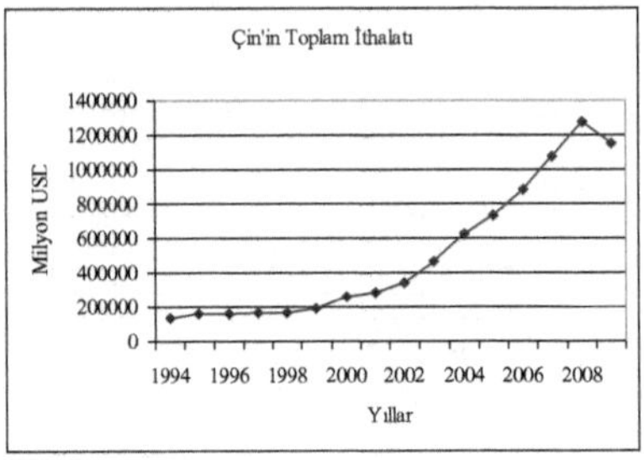
Çin'in Toplam İthalatı
Milyon USD
1400000
1200000
1000000
800000
600000
400000
200000
0
1994 1996 1998 2000 2002 2004 2006 2008
Yıllar

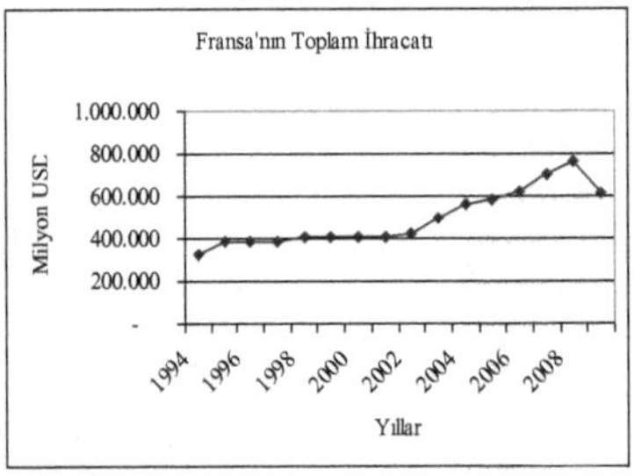
Fransa'nın Toplam İhracatı
Milyon USD
1.000.000
800.000
600.000
400.000
200.000
-
1994
1996
1998
2000
2002
2004
2006
2008
Yıllar

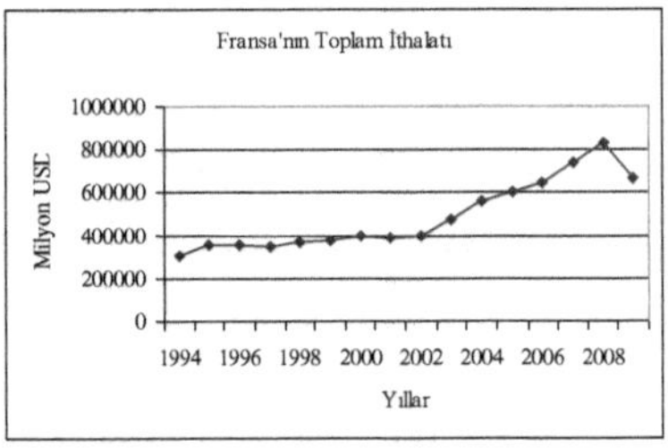
Fransa'nın Toplam İthalatı
Milyon USD
1000000
800000
600000
400000
200000
0
1994 1996 1998 2000 2002 2004 2006 2008
Yıllar

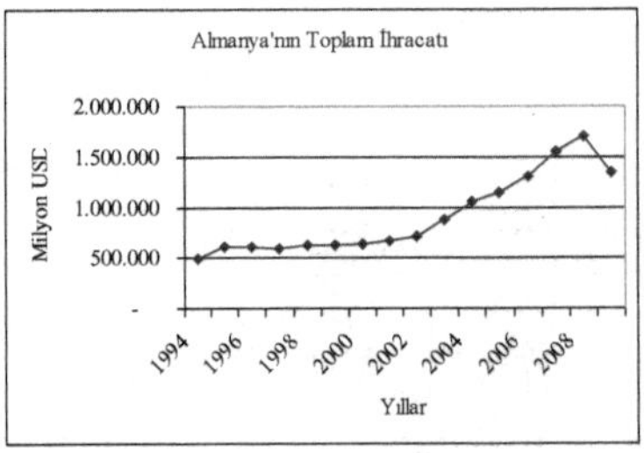
Almanya'nın Toplam İhracatı
Milyon USD
2.000.000
1.500.000
1.000.000
500.000
-
1994
1996
1998
2000
2002
2004
2006
2008
Yıllar

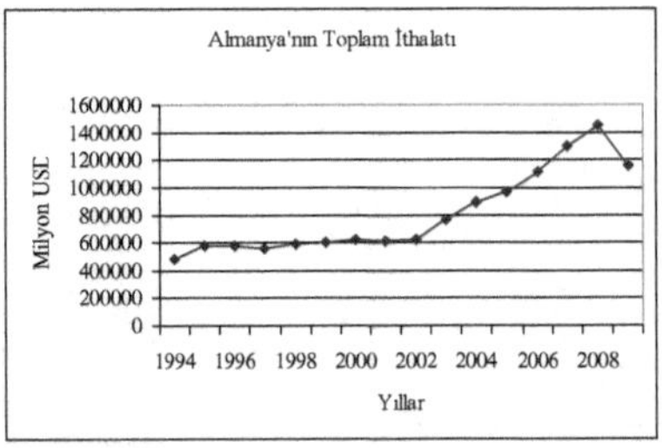
Almanya'nın Toplam İthalatı
Milyon USD
1600000
1400000
1200000
1000000
800000
600000
400000
200000
0
1994 1996 1998 2000 2002 2004 2006 2008
Yıllar

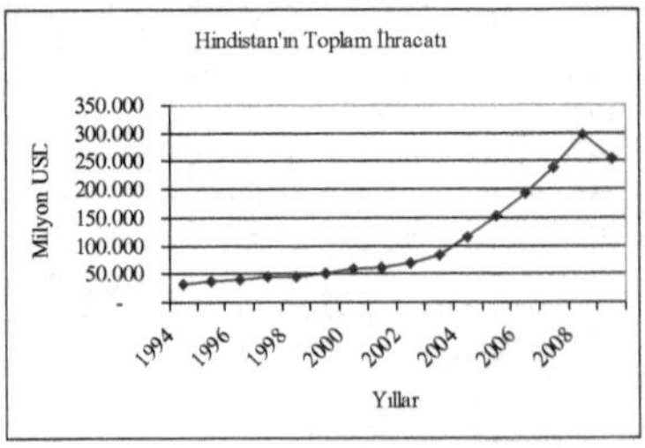
Hindistan'ın Toplam İhracatı
Milyon USD
350.000
300.000
250.000
200.000
150.000
100.000
50.000
-
1994
1996
1998
2000
2002
2004
2006
2008
Yıllar

Hindistan'ın Toplam İthalatı
Milyon USD
500000
400000
300000
200000
100000
0
1994 1996 1998 2000 2002 2004 2006 2008
Yıllar

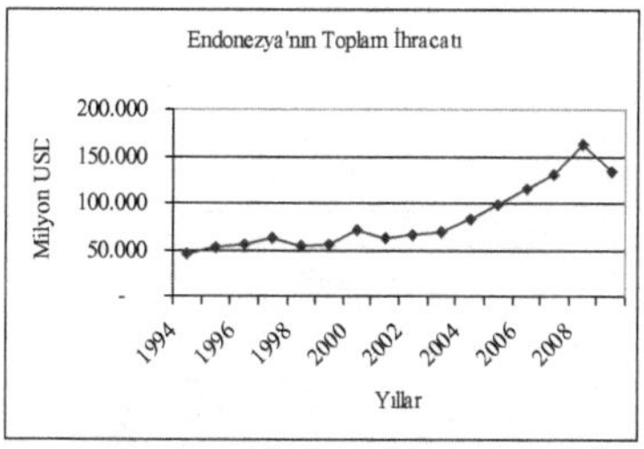
Endonezya'nın Toplam İhracatı
200.000
150.000
100.000
50.000
-
Milyon USD
1994
1996
1998
2000
2002
2004
2006
2008
Yıllar

Endonezya'nın Toplam İthalatı
200000
150000
100000
50000
0
Milyon USD
1994 1996 1998 2000 2002 2004 2006 2008
Yıllar

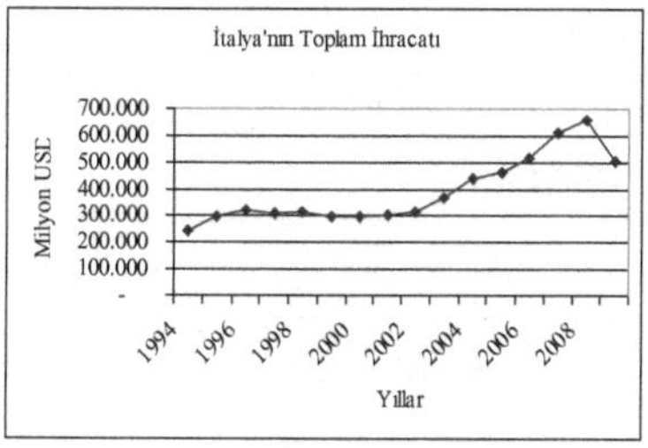
İtalya'nın Toplam İhracatı
700.000
600.000
500.000
400.000
300.000
200.000
100.000
-
Milyon USD
1994
1996
1998
2000
2002
2004
2006
2008
Yıllar

İtalya'nın Toplam İthalatı
800000
600000
400000
200000
0
Milyon USD
1994 1996 1998 2000 2002 2004 2006 2008
Yıllar

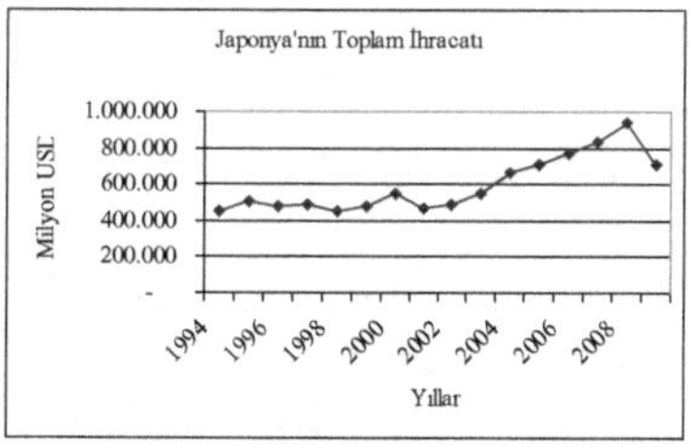
Japonya'nın Toplam İhracatı
1.000.000
800.000
600.000
400.000
200.000
-
Milyon USD
1994
1996
1998
2000
2002
2004
2006
2008
Yıllar

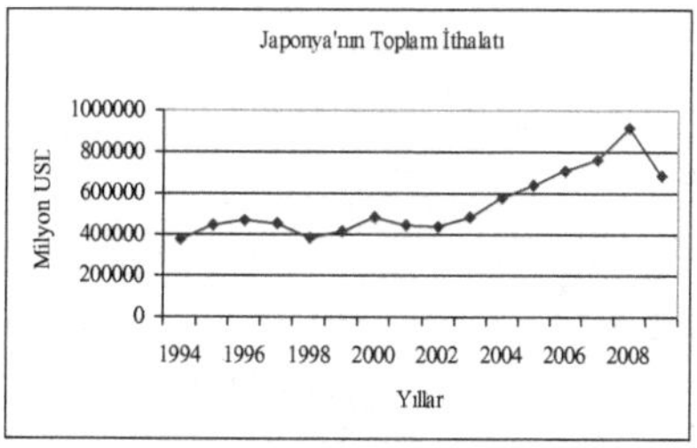
Japonya'nın Toplam İthalatı
1000000
800000
600000
400000
200000
0
Milyon USD
1994 1996 1998 2000 2002 2004 2006 2008
Yıllar

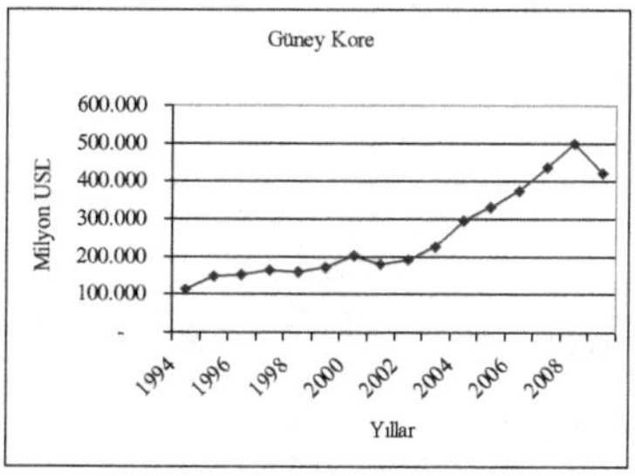
Güney Kore
600.000
500.000
400.000
300.000
200.000
100.000
-
Milyon USD
1994
1996
1998
2000
2002
2004
2006
2008
Yıllar

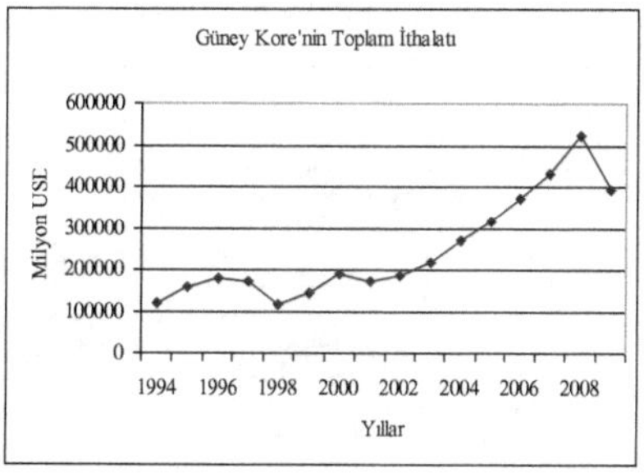
Güney Kore'nin Toplam İthalatı
600000
500000
400000
300000
200000
100000
0
Milyon USD
1994 1996 1998 2000 2002 2004 2006 2008
Yıllar

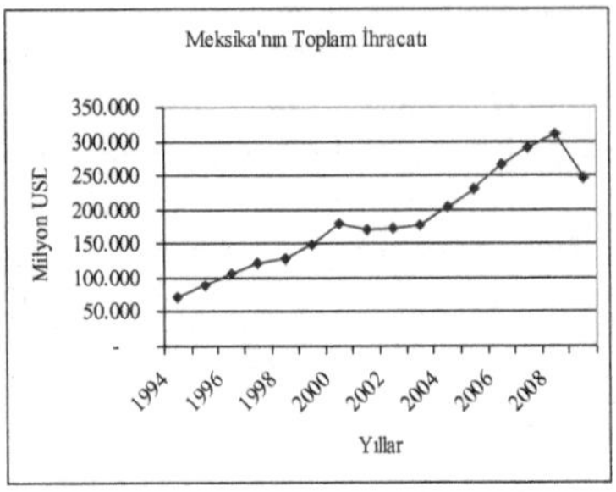
Meksika'nın Toplam İhracatı
350.000
300.000
250.000
200.000
150.000
100.000
50.000
-
Milyon USD
1994
1996
1998
2000
2002
2004
2006
2008
Yıllar

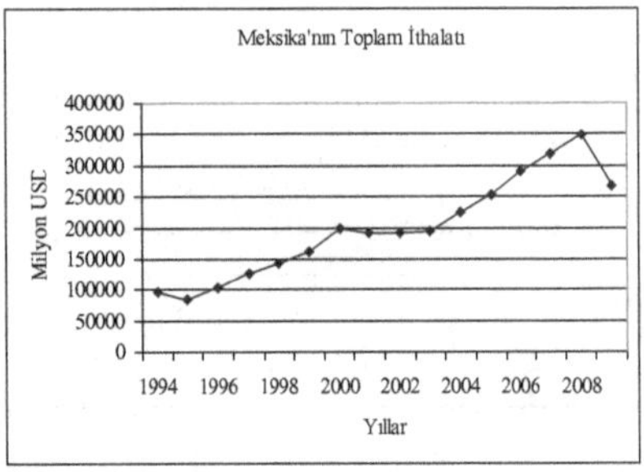
Meksika'nın Toplam İthalatı
400000
350000
300000
250000
200000
150000
100000
50000
0
Milyon USD
1994 1996 1998 2000 2002 2004 2006 2008
Yıllar

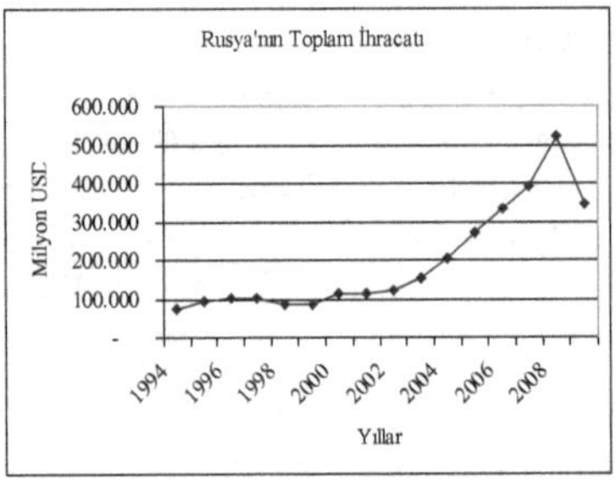
Rusya'nın Toplam İhracatı
600.000
500.000
400.000
300.000
200.000
100.000
-
Milyon USD
1994
1996
1998
2000
2002
2004
2006
2008
Yıllar

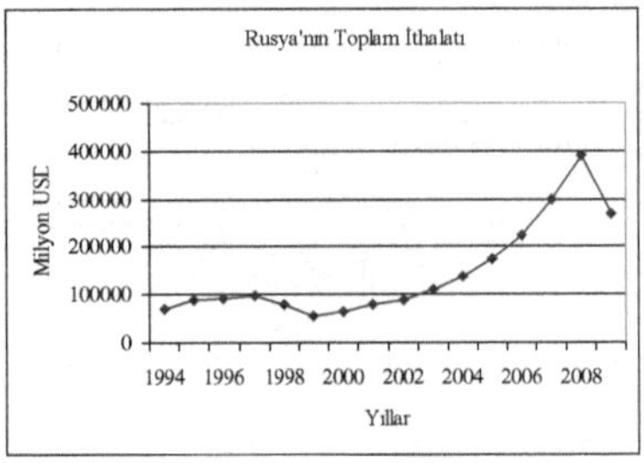
Rusya'nın Toplam İthalatı
500000
400000
300000
200000
100000
0
Milyon USD
1994 1996 1998 2000 2002 2004 2006 2008
Yıllar

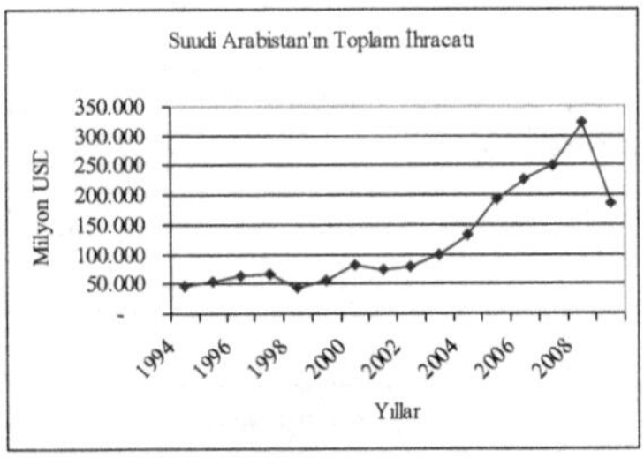
Suudi Arabistan'ın Toplam İhracatı
350.000
300.000
250.000
200.000
150.000
100.000
50.000
-
Milyon USD
1994
1996
1998
2000
2002
2004
2006
2008
Yıllar

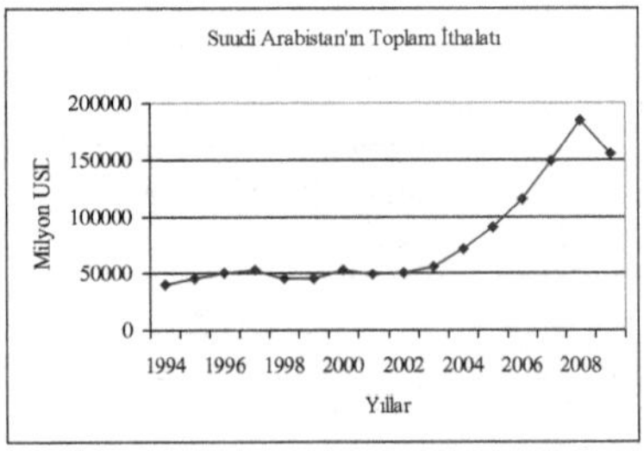
Suudi Arabistan'ın Toplam İthalatı
200000
150000
100000
50000
0
Milyon USD
1994 1996 1998 2000 2002 2004 2006 2008
Yıllar

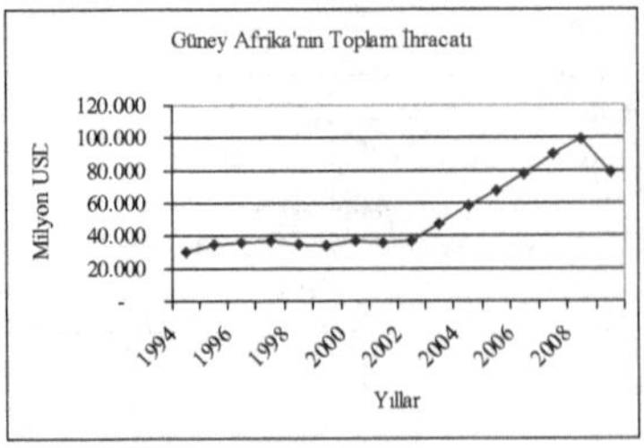
Güney Afrika'nın Toplam İhracatı
120.000
100.000
80.000
60.000
40.000
20.000
-
Milyon USD
1994
1996
1998
2000
2002
2004
2006
2008
Yıllar

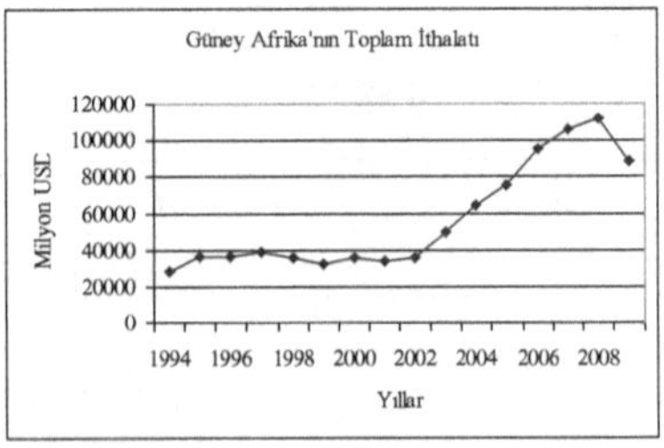
Güney Afrika'nın Toplam İthalatı
120000
100000
80000
60000
40000
20000
0
Milyon USD
1994 1996 1998 2000 2002 2004 2006 2008
Yıllar

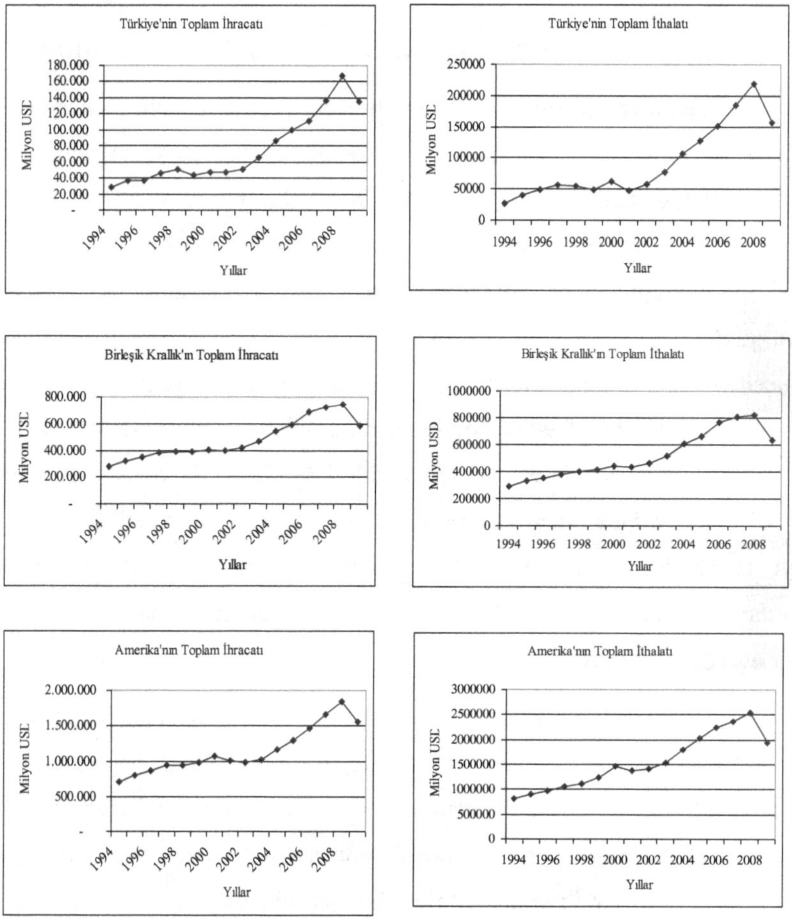

Şekil 2-7 G–20 Ülkelerinin 1994–2009 Yılları arasındaki Toplam İhracat ve İthalatları

Kaynak: http://unctadstat.unctad.org/TableViewer/tableView.aspx, (01.06.2011).

ÜÇÜNCÜ BÖLÜM

ULUSLARARASI BORSALARDA BİRLEŞME EĞİLİMLERİ

Küresel sermaye piyasalarında özellikle 1990'lı yıllarda belirginleşen eğilimler arasında en önemlisi borsaların geleneksel kooperatif benzeri yapılardan uzaklaşıp kâr amaçlı şirketler haline dönüşmeleridir. Bu dönüşümün çevresel faktörlerin bir sonucu, hatta neredeyse zorlaması, olarak ortaya çıktığı da yadsınamaz bir gerçektir. Teknolojinin günümüzde geldiği aşama, yatırımcılara dünyanın her noktasındaki piyasaya günün her saati erişim imkânı vermektedir. Dolayısıyla piyasalar arasında, daha önceden hiç olmadığı kadar yoğun bir rekabet ortamı doğmuştur. Yatırımcı, istediği zaman, istediği ülkede istediği menkul kıymete çok kısa bir süre içinde erişebilmektedir. Bu ortamda da işlem maliyetleri ön plana çıkmaktadır. Aynı menkul kıymet iki ayrı piyasada işlem görüyorsa, yatırımcı düşük maliyetli piyasada işlem yapmayı tercih etmektedir. Piyasalar ve ülkeler arası rekabet baskısı sadece yatırımcılardan, yani sadece talep tarafından kaynaklanmamaktadır. Arz tarafından gelen bir etki de görülmektedir.[75]

Küreselleşme çağında şirketler bütün dünyada faaliyet göstermeye dönük bir vizyon kazanmaya başlamıştır. Bu vizyon, doğal olarak şirketlerin finansmanı için dünyanın çeşitli ülkelerindeki tasarrufların değerlendirilmesini kapsamaktadır. Bu aşamada da şirketler, kendileri için düşük finansman ve ihraç maliyeti doğuracak ülkeleri ve piyasaları tercih etmektedirler. Gelişen teknolojinin sağladığı olanaklara ek olarak piyasalar ve ülkeler arasında artan rekabet, işlem maliyetlerini önemli ölçüde düşürmüştür. Bunun borsalar açısından anlamı ise, gelirlerinin azalmasıdır. Öte yandan, rekabet koşullarına ayak uydurabilmek için giderek artan boyutlarda teknoloji yatırımı yapma ihtiyaçları ortaya çıkmıştır. Dolayısıyla, borsaların da

---

[75] *http://www.tspakb.org.tr/tr/Default.aspx?tabid=155,* (12.02.2013).

değişen bu çevresel faktörlere uyum sağlayabilmesi için yapısal bir dönüşüm geçirmeleri kaçınılmaz hale gelmiştir. Önerilen çözüm ise, kâr amacı gütmeyen kooperatif benzeri yapıdan uzaklaşıp, verimliliğin esas alındığı kâr amacı güden bir şirket yapısına geçilmesi olmuştur. Özellikle 1990'lı yıllarda Stockholm Borsası'nın anonim şirket yapısına geçmesiyle bu süreç başlamıştır. Onu takip eden birçok borsa önce kâr amacı güden bir şirket yapısına geçmiş, ardından halka açılmaya başlamıştır. Şirketleşen borsalar büyümeye devam etmiş, birleşme ve satın-almalar ile birer holding yapısına kavuşmuştur. Borsaların büyümeleri kendi coğrafyaları ile sınırlı kalmamıştır. Farklı ülkelerin, hatta okyanus aşırı ülkelerin borsaları arasında yaşanan birleşmeler, dünyada gündeme oturan iş modelleri olmuştur.[76]

Borsa İstanbul Yönetim Kurulu Başkanı ve Genel Müdürü İbrahim Turhan, Nisan 2012'de İzmir Ticaret Borsası'nda yaptığı sunumda "Dünün Borsaları" ile "Bugünün Borsaları" karşılaştırması yapmıştır.

Çizelge 3-1 Dünün Borsaları Bugünün Borsaları Karşılaştırması

Dünün Borsaları	Bugünün Borsaları
Ulusal borsalar	Konsolidasyon ve uluslararası ortaklıklar
Üyelerin katılımıyla oluşmuş, kâr amacı gütmeyen kooperatif yapılar	Halka açık, kâr odaklı yapılar
Ayrı şekilde örgütlenmiş spot ve türev piyasalar	Bütünleşik spot ve türev Piyasalar
Açık müzayede yoluyla alım-satım	Elektronik işlem platformları ve yüksek frekanslı alım-satımlar
Sınırlı alternatif işlem	Alternatif platformlarda artış ve aynı borsa altında farklı piyasalar

http://www.imkb.gov.tr/video/baskan/20120409_izmir_itb_sunum_v6.pdf , (07.02.2013).

---

76 http://www.tspakb.org.tr/tr/Default.aspx?tabid=155, (12.02.2013).

Çizelge 3-1'de verilen bu karşılaştırmaya göre dünün borsaları ulusal, kâr amacı gütmeyen borsalar iken bugün uluslararası, halka açık ve kâr odaklı kurumlar haline gelmişlerdir. Eskiden açık müzayede yoluyla alım-satım yapılırken bugün borsaların çoğunda elektronik işlem platformları ile işlemler gerçekleştirilmektedir. Ayrıca dün sınırlı alternatif işlemler gerçekleştirilirken bugün alternatif platformlarda artış ve aynı borsa altında farklı piyasalar bulunmaktadır.

Çizelge 3-2 Dünya Borsalarında Şirketleşme, Halka Arz ve Birleşmeler

Tarih	Şirketleşme, Halka Arz, Birleşmeler
1993	Stockholm Borsası şirketleşti
1998	Stockholm Borsası OM ile Birleşti
1998	İtalya Borsası şirketleşti
1998	Avustralya Borsası şirketleşti ve halka arz edildi
2005	Kore Borsaları KSE, KOSDAQ ve KOFEX KSX adıyla birleşti ve şirketleşti
2006	Avustralya Borsası SFE ile birleşti
2007	İtalya Borsası LSE ile birleşti
2007	BOVESPA şirketleşti ve halka arz edildi
2008	BM&F ve BOVESPA birleşti
2010	Varşova Borsası halka arz edildi
2013	İMKB şirketleşti ve Borsa İstanbul adını aldı

Kaynak:
http://www.imkb.gov.tr/video/baskan/20120409_izmir_itb_sunum_v6.pdf, (07.02.2013).

Çizelge 3-3 Dünya Borsalarında Satın Almalar

Tarih	Satın Almalar
2006	Chicago Merchandise Exchange rakibi CBOT'yi satın aldı
2006	NYSE Euronext'i satın aldı
2007	Deutsche Börse , International Securities Exchange (ISE) satın alması
2007	LSE, Borsa Italiana'yı satın aldı
2007	NASDAQ, OMX'i satın adlı
2008	Viyana Borsası PSE (Prag) ve LjSE Borsalarını satın alarak CEE Borsalar grubuna kattı
2010	Tokyo Borsası Osaka Borsasını Satın Aldı

Kaynak: http://www.imkb.gov.tr/video/baskan/20120409_izmir_itb_sunum_v6.pdf, (07.02.2013).

Çizelge 3-2'de Dünya'da belli başlı borsalarda şirketleşme, halka arz ve birleşmeler sunulurken Çizelge 3-3'te ise Dünya borsalarında satın almalar gösterilmiştir.

Aşağıdaki bölümde Dünya borsalarında gerçekleşen birleşme ve satın almalar sonucu ortaya çıkan belli başlı borsalar ve gruplar incelenecektir.

3.1. NEW YORK STOCK EXCHANGE EURONEXT

Dünyada borsa birleşmelerini incelediğimizde; 22 Eylül 2000 günü Paris, Brüksel ve Amsterdam borsalarının birleşmesi ile kurulan ve Merkezi Paris'te olan Euronext Naamloze Vennootschap Avrupa çapında bir finans kuruluşudur. Birleşme sonrası borsaların isimleri; Euronext Brüksel, Euronext Paris ve Euronext Amsterdam olarak değiştirilmiştir. Euronext 2002 yılında Lizbon Borsası Bolsa de Valores de Lisboa e Porta (BVLP) ile birleşmiştir. Bu birleşmenin ardından Lizbon Borsası'nın adı Euronext Lizbon olmuştur. Euronext bu birleşme ile Londra Hisse Senetleri Borsası'nın ardından Avrupa'nın 2. en büyük borsası haline gelmiştir. 31 Ocak 2006 tarihi itibarıyla kuruluşun işlem hacmi 2,9 trilyon Amerikan Dolarıdır. Bu hacim ile o tarihte dünyanın 5. büyük borsasıdır. 2006 yılı mayıs ayında New York Borsası (NYSE) ile Euronext birleşmiş ve NYSE Euronext dünyanın en büyük borsası olarak ortaya çıkmıştır. Bu birleşme 4 Nisan 2007'de tamamlanmıştır.[77]

Günümüze geldiğimizde; NYSE Euronext bünyesinde 55 farklı ülkeden yaklaşık 8000 ürünün alım-satımına aracılık edilmektedir. NYSE Euronext hisse senetleri piyasası incelendiğinde dünyada meydana gelen alım satım işlemlerinin üçte biri bu kuruluşun bünyesinde gerçekleştirilmektedir. NYSE Euronext Fortuna 500 listesinde yer alan tek menkul kıymet alım-satım kuruluşudur.[78]

3.2. LONDRA HİSSE SENETLERİ BORSASI GRUBU

2007 yılının Ekim ayında Londra Hisse Senetleri Borsası ile İtalya Borsası birleşerek Londra Hisse Senetleri Borsası Grubunu oluşturmuştur.[79]

Bu birleşme sonucunda ortaya çıkan borsa işlem hacminde hisse senetleri ve tahvil-bono piyasaları açısından Avrupa'nın en büyük borsası haline gelmiştir. Grup şu anda FTSE 250 endeksi içerisinde bulunan halka açık bir şirkettir. İtalya Borsası ve Londra Hisse Senetleri Borsası 200 yılı aşan bir geçmişe sahiptir. Londra Hisse Senetleri Borsası Grubu bünyesinde bugün 70'den fazla ülkenin yaklaşık 3000 hisse senedi işlem görmektedir. Dünyanın en uluslararası borsasıdır. Kuruluş, 300 yılı geçen tarihiyle dünyanın en eski menkul kıymet kurumlarından birisidir. 400'den fazla kuruluş borsanın üyesi olarak aracılık faaliyetlerini devam ettirmektedir.[80]

---

[77] *http://tr.wikipedia.org/wiki/Euronext,* (07.05.2012).

[78] *http://www.nyx.com//en/who-we-are/company-overview,* (07.05.2012).

[79] *http://www.londonstockexchange.com/about-the-exchange/company-overview/our-history/our-history.htm,* (14 Mayıs 2012).

[80] *http://www.londonstockexchange.com/about-the-exchange/company-overview/company-overview.htm*, (14 Mayıs 2012).

3.3. CHICAGO MERCHANDISE EXCHANGE GRUBU

Chicago Merchandise Exchange, 2007'de Chicago Board of Trade'i (CBOT) 11,3 milyar $ karşılığında satın almış, iki şirket CME Grubu adı altında birleşmiştir. ABD'li Chicago Mercantile Exchange ile Chicago Board of Trade'in birleşmesi ile oluşan Grup, büyümeye devam etmiştir. Yeni oluşuma Mart 2008'de bir başka emtia borsası, New York Mercantile Exchange (NYMEX) dâhil edilmiştir. Mart 2008 tarihinde ise Grup, kredi türevleri konusunda piyasa verileri sağlayıcısı olan Credit Market Analysis (CMA) şirketini bünyesine katmıştır. Mart 2010'da CME Grubu, Dow Jones ile ortak endeks hesaplamak için CME Grubu Endeks Hizmetleri (CME Group Index Services) şirketini kurmuştur. CME Grubu'nun şirketteki payı % 90'dır. CME ve CBOT'nin ilk halka arzları esnasındaki piyasa değerleri sırasıyla 1,1 milyar $ ve 2,8 milyar $ seviyesinde iken birleşmenin ardından Grubun 2010 itibarıyla toplam piyasa değeri 22 milyar $ civarındadır.[81]

3.4. DEUTSCHE BÖRSE GRUBU

Deutsche Börse 1990 yılında aralarında banka, aracı kurum, yerel borsa, yabancı banka ve çeşitli finans kurumlarının bulunduğu toplam 328 ortak tarafından özel bir şirket olarak kurulmuştur. Kuruluş sermayesi aracı kurum ve bankalar arasında işlem hacimlerine orantılı bir şekilde dağıtılmıştır. Deutsche Börse, Frankfurt Borsası'nda işlemlerin düzgün ve güvenilir bir şekilde yürütülmesini sağlamakla görevli garantör bir şirkettir.

Deutsche Börse türev işlemlerini önceden Deutsche Terminbörse'de (DTB) yürütmekteydi. 1998 yılında DTB ile İsviçreli türev borsası SOFFEX (Swiss Options and Financial Futures Exchange) birleşerek Eurex'i oluşturmuş, türev işlemler bu

---

[81] http://www.tspakb.org.tr/tr/Default.aspx?tabid=155, (13.02.2013).

piyasaya taşınmıştır. Almanya-İsviçre ortaklığı olan Eurex, Aralık 2007'de New York merkezli Uluslararası Menkul Kıymet Borsasını (International Securities Exchange-ISE) satın alırken, aynı yıl Deutsche Börse, Bombay Borsası'ndan % 5'lik bir pay almıştır.

2011 yılında Alman Deutsche Börse Grubu, NYSE Euronext ile birleşme yönünde önemli adımlar atmıştır. Bu birleşmenin gerçekleşmesi ile dünyanın en büyük borsa grubunun oluşması beklenmekteydi. Birleşme sonucunda meydana gelecek yeni oluşumun Hollanda merkezli olması ve Frankfurt ile New York olmak üzere iki şehirden idare edilmesi öngörülmekteydi. Yeni oluşumda Deutsche Börse'nin % 60, NYSE Euronext'in ise % 40 paya sahip olacağı belirtilmiştir. Her bir Deustche Börse hissesi yeni şirketin bir hissesi ile, her bir NYSE Euronext hissesi ise 0,47 yeni şirket hissesi ile değiştirilecekti. Diğer taraftan birleşme ile beraber, Deutsche Börse'nin İsviçreli SIX Grubu ile ortaklaşa işlettiği türev borsası olan Eurex'in ortaklık yapısı da değişecekti. Buna göre Deutsche Börse, Eurex'in tek sahibi olacak, bunun karşılığında SIX Grubu'na yeni oluşumdan pay verilecekti. NYSE Euronext ve Deutsche Börse genel kurullarından birleşmeye onay çıkarken, Avrupa Komisyonu'nun rekabet konusundaki otoritesinden gerekli izin ve onay alınamamış ve birleşme gerçekleştirilememiştir.[82]

2010 sonu itibariyle Deutsche Börse'nin ortakları arasında en büyük pay % 32 ile ABD'li yatırımcılara aittir. Onu % 18 ile Alman yatırımcılar takip ederken, İngiliz yatırımcıların payı % 16'dır. Şirketin halka açıldığı 25 Haziran 2005 tarihindeki piyasa değeri 3 milyar $'dır. 2010 sonunda ise şirketin piyasa değeri 13 milyar $ civarındadır.

---

[82] http://deutsche-boerse.com, (14.02.2013).

3.5. NASDAQ OMX

Son yıllarda borsalar arasında en çok dikkat çeken birleşmelerden birisi ABD'li NASDAQ ile İskandinavyalı OMX Grubu arasında yaşanmıştır. Stockholm, Kopenhag, Vilnius, İzlanda, Helsinki, Tallinn ve Riga Borsalarından oluşan OMX Grubu Şubat 2008'de NASDAQ tarafından satın alınmış, NASDAQ OMX Grubu oluşmuştur. Büyümeye devam eden Grup, Philadelphia, Ermenistan ve Boston borsaları ile Avrupalı enerji borsası Nord Pool'un bazı iştiraklerini satın almıştır. Diğer taraftan, sonradan ismi NASDAQ Dubai olarak değiştirilen Dubai Uluslararası Finans Borsası'ndaki hisselerini satan grup, bu borsanın işletmecisinin ortakları arasına girmiştir. NASDAQ'ın halka açıldığı Şubat 2005'te piyasa değeri 767 milyon $ idi. OMX Grubu ile birleşmeleri ve devamında bünyesine kattığı diğer şirketlerin ardından NASDAQ OMX Grubunun 2010 sonu itibariyle toplam piyasa değeri 4,2 milyar $ olmuştur.[83]

3.6. JAPON BORSASI GRUBU

II. Dünya Savaşı'ndan sonra Mart 1947'de ise Menkul Kıymetler ve Borsa Kanunu yeniden gözden geçirilirken, Japonya Menkul Kıymetler Borsası tasfiye edilmiştir. Nisan 1949'da ise Tokyo (Tokyo Stock Exchange-TSE), Nagoya ve Osaka olmak üzere üç borsa kurulmuştur. Devamında Temmuz 1949'da beş borsa daha kurulmuştur. Bunlardan Kobe Borsası 1967'de tasfiye edilmiştir. Hiroşima ve Niigata Borsaları 2000 yılında Tokyo Borsası ile birleşirken, Kyoto Borsası 2001 yılında Osaka Borsası ile birleşmiştir.[84]

---

[83] *http://www.tspakb.org.tr/tr/Default.aspx?tabid=155,* (13.02.2013).

[84] *http://www.tspakb.org.tr/tr/Default.aspx?tabid=155,* (13.02.2013).

1 Kasım 2001'de Sermaye Piyasası Kanunu'nda yapılan değişiklikle beraber borsaların şirket olarak yapılanması serbest bırakılmıştır. Borsada daha önceleri kooperatif bir yapı mevcutken, kanunda yapılan değişikliğin ardından TSE anonim şirket statüsüne kavuşmuştur. TSE'nin yapısı Ağustos 2007'de yeniden organize edilmiştir. Buna göre, Tokyo Borsası ile beraber sermaye piyasası faaliyetinde bulunan diğer kurumlar, anonim şirket olarak kurulan Tokyo Borsası Grubu (Tokyo Stock Exchange Group) altında toplanmıştır.[85]

Tokyo Hisse Senetleri Borsası Grubu ile Osaka Hisse Senetleri Borsası'nın Ekim 2011'de başlattığı birleşme hareketi 1 Ocak 2013 itibarıyla Japon Borsası Grubu çatısı altında sonuçlanmıştır.[86]

3.7. BM&F - BOVESPA

BM&F Bovespa Brezilya'nın Sao Paulo şehrinde bulunmaktadır. Temmuz 2011 itibarı ile hisselerinin toplam piyasa değeri 1.49 trilyon Amerikan Doları'dır. Bu da onu Dünya'daki en büyük borsalardan biri yapmaktadır.[87]

BM&F Bovespa 2008 yılında kurulmuş bir Brezilya şirketidir. Borsa Sao Paulo Hisse Senetleri Borsası (Bolsa de Valoresde Sao Paulo) ve Brezilya Ticaret ve Vadeli İşlem Borsası'nın (Bolsa de Mercadorias e Futures) birleşmesiyle kurulmuştur. Borsa Brezilya'daki tek menkul kıymet, emtia ve vadeli işlem borsasıdır. Ayrıca hisse senetlerinin alım satımına aracılık eden en önemli kurumdur.[88]

---

[85] *http://www.tspakb.org.tr/tr/Default.aspx?tabid=155*, (13.02.2013).

[86] *http://www.jpx.co.jp/en/general-information/history.html*, (14.02.2013).

[87] *http://tr.wikipedia.org/wiki/BM%26F_Bovespa*, (15.02.2013).

[88] *http://www.bmfbovespa.com.br/en-us/intros/intro-about-us.aspx?idioma=en-us*, (15.02.2013).

3.8. ORTA VE DOĞU AVRUPA BORSASI GRUBU (CEESEG)

CEESEG orta ve doğu Avrupa'nın en büyük borsa grubudur. Viyana Borsası grubun öncü ve en eski borsasıdır. Orta ve Doğu Avrupa Borsası Grubu (CEESEG) bünyesinde ayrıca Budapeşte (Macaristan), Ljubljana (Slovenya) ve Prag (Çek Cumhuriyeti) Borsaları da faaliyet göstermektedir. Borsalar arası entegrasyon 2008 yılında gerçekleştirilmiştir. CEESEG bünyesinde dört borsa faaliyetlerini sürdürürken, Viyana Hisse Senetleri Borsası uluslararası projeleri koordinasyonundan sorumludur. Her borsa kendi yerel piyasasını yönetmede özgürdür.[89]

3.9. MOSKOVA BORSASI

Moskova Borsası işlem hacmi açısından Rusya'nın ve Doğu Avrupa'nın en büyük borsa grubudur. Grup 2011 yılının Aralık ayında iki önemli Rus Borsası'nın birleşmesiyle kurulmuştur. Bu borsalar Moscow Interbank Currency Exchange (MICEX) ve Russian Trading System (RTS)'dir. Moskova Borsası menkul kıymet işlem hacmiyle ve işlem gören hisse senetlerinin piyasa değeriyle Dünya'nın en büyük 20 borsası içinde yer almaktadır.[90]

3.10.BORSA İSTANBUL

Türkiye'de de borsaların birleştirilmesi ile ilgili çalışmalar sonucunda; 6362 Sayılı Sermaye Piyasası Kanunu'nun 138. maddesine göre İstanbul Menkul Kıymetler Borsası ve İstanbul Altın Borsası'nın Borsa İstanbul Anonim Şirketi çatısı altında birleştirilmesi kararlaştırılmıştır.

---

[89] *http://www.ceeseg.com/about/history/*, (15.02.2013).

[90] *http://rts.micex.ru/s348*, (15.02.2013).

Sermaye Piyasası Kanunu, 67. maddede belirtilen borsacılık faaliyetlerinde bulunmak üzere Borsa İstanbul Anonim Şirketi unvanıyla bir anonim şirket kurulmuştur. Sermaye Piyasası Kanunu'na göre; İstanbul Menkul Kıymetler Borsası'nın ve İstanbul Altın Borsası'nın tüzel kişilikleri Borsa İstanbul Anonim Şirketi'nin esas sözleşmesinin tescili ile son bulmuştur. Borsa İstanbul Anonim Şirketi'nin esas sözleşmesinin tescil edilmesi ile İstanbul Menkul Kıymetler Borsası'nın ve İstanbul Altın Borsası'nın her türlü varlıkları, borçları ve alacakları, hakları ve yükümlülükleri, elektronik ortamdakiler de dâhil olmak üzere her türlü kayıtları ve diğer belgeleri bir bütün olarak, bu maddede yer alan istisnalar dışında, herhangi başka bir işleme gerek kalmaksızın Borsa İstanbul Anonim Şirketi'ne devrolunmuştur.[91] Vadeli İşlem ve Opsiyon Borsası Borsa İstanbul'dan bağımsız olarak faaliyetlerini, Türkiye'nin ilk özel borsası olarak, devam ettirmektedir.

[91] http://www.resmigazete.gov.tr/eskiler/2012/12/20121230-1.htm, (14.02.2013).

DÖRDÜNCÜ BÖLÜM

ULUSLARARASI BORSALAR ARASINDAKİ ETKİLEŞİME İLİŞKİN FİNANS YAZINI

Son yirmi yıllık süre içerisinde araştırmacıların uluslararası borsaların birbirleriyle ilişkisini anlamaya yönelik çalışmalara ilgisi oldukça artmıştır. Bu ilginin artışında uluslararası fonların ulaştığı büyüklük, borsalardaki birleşme eğilimi, teknolojik gelişmeler, para ve sermaye piyasalarının liberalleşmesi ve küreselleşme, temel nedenlerdir. Uluslararası borsaların birbirleri ile ilişkisi dört başlık altında ortaya konmaktadır.[92]

1. Volatilite Yayılımları (Volatility Spillovers)
2. Borsaların Birbirine Karşılıklı Bağlılığı (Interdependence of Stock Markets)
3. Etkilenme (Presence of Contagion)
4. Eşbütünleşme (Cointegration)

Bir borsada meydana gelen fiyat oynaklıkları diğer borsalar üzerinde etkiye sahipse buna volatilite yayılma etkisi denmektedir. Volatilite ile birlikte bir borsada görülen getiri değişimi kısa vadede diğer borsaları da etkiyebilmektedir. Bu durum borsaların birbirine karşılıklı bağlılığı, eşhareketlilik ve daha ileri safhası borsaların birbirinden etkilenmesi olarak adlandırılır. Bu bağlılıklar incelenirken korelasyon katsayıları kullanılır. Eşbütünleşme ise hem uzun dönem hem de kısa dönem ilişkinin tespit edildiği borsalar arası fiyat etkileşimini esas alır.

Uluslararası borsalarda volatilitenin ölçülmesinde iki kavram ortaya

[92] Tiffany Adelaine G. Tan, "Stock Market Integration: Case of the Philippines", *Philippine Management Review,* 2012, S. 19, s. 76.

çıkmaktadır. Meteor Yağmuru (Meteor Shower) ve Sıcak Dalga (Heat Wave). Engle, Ito ve Lin (1990), gün içi volatilite konusunda yaptıkları çalışma ile Sıcak Dalga (Heat Wave) ve Meteor Yağmuru (Meteor Shower) kavramlarını literatüre kazandırmışlardır. Sıcak dalga volatilitenin coğrafi olarak belirleneceği düşüncesini ortaya koyarken, meteor yağmuru volatilitenin bir pazardan diğerine yayılacağını; Asya'dan Avrupa'ya, Avrupa'dan Kuzey Amerika pazarına ulaşacağını ortaya koymaktadır.[93] Meteor yağmuru; bir piyasadaki volatilite diğer bir piyasaya yayılabilir ve hatta o piyasa kapandıktan saatler sonra coğrafi olarak uzak bölgelerdeki farklı işlem saatlerine sahip başka piyasalarda volatilite üretebilir. Diğer taraftan, sıcak dalga; bir piyasadaki volatilitenin yine aynı piyasada sonraki gün devam edeceğini öne sürer.[94]

Pena 1992 yılında yaptığı çalışmada New York ve Madrid Hisse Senetleri Borsalarında Meteor Yağmuru etkisi olup olmadığını incelemiştir. Çalışmanın sonucuna göre New York Borsası ile Madrid Borsası arasında meteor yağmuru etkisi olduğuna dair istatistiksel olarak anlamlı bulgular tespit edilmiştir. Ayrıca New York Hisse Senetleri Borsası'nın Madrid Borsası üzerine asimetrik etkisi vardır. Sonuçlar, negatif haberlerin pozitif haberlere göre iki kat daha fazla etkisi olduğunu göstermektedir. Hafta sonu etkisine rastlanmamıştır ama perşembe günlerinin getirileri anormal yüksektir. Buna rağmen herhangi bir gün diğerlerinden farklı özel bir volatilite artışı veya azalışı göstermemektedir.[95]

---

[93] Robert Engle – Takatoshi Ito – Wen-Ling Lin, "Meteor Showers or Heat Waves? Heteroskedastic Intra-Daily Volatility in the Foreign Exchange Market", *Econometrica*, 1990, c. 58, S. 3, s. 525-42.

[94] Taufiq Hassan - Annuar Bin Nassir - Shamsher Mohamad, "The Heat Waves or Meteor Showers Hypothesis: Test on Selected Asian Emerging and Developed Stock Markets", *Investment Management and Financial Innovations*, 2006, c. 3, S. 1, s. 120.

[95] J. Ignacio Pena, "On meteor showers in stock markets: New York vs Madrid", *Investigaciones Economicas*, 1992, c. 16, S. 2, s. 232.

Kohonen 2012 yılında yaptığı çalışmada eşanlı olarak açık bulunan borsalar arasında volatilite aktarımını konu alan bir çalışma yapmıştır. Çalışmada İtalya, İspanya, İrlanda ve Yunanistan borsa verileri kullanılmıştır. Çalışmanın sonucuna göre bu ülkelerin borsaları arasındaki meteor yağmuru asimetrik olarak gerçekleşmektedir. İtalya tüm diğer ülkeleri etkilerken, İspanya yalnızlaşmıştır.[96]

Hassan, Nasir ve Mohamad 2006 yılında yaptıkları çalışmada Asya'nın gelişmiş ülkeleri ve bazı gelişmekte olan ülkeleri üzerinde Sıcak Dalga ve Meteor Yağmuru hipotezlerini test etmişlerdir. Çalışmanın sonucuna göre 1991-1993 yılları arasında piyasalar arasında yavaş bir bilgi akışı tespit edilmiştir. Asya finansal krizinin ardından borsalar arasında bilgi akışının hızlandığı belirlenmiştir. Bu bulgularla özellikle kriz sonrası dönemde meteor yağmuru hipotezi reddedilmiştir.[97]

4.1. GELİŞMİŞ VE GELİŞMEKTE OLAN ÜLKELER ÜZERİNE YAPILMIŞ ÇALIŞMALAR

Hisse senedi borsalarının birbirini etkilemesi konusunda yapılan çalışmaların bir kısmı gelişmiş ülkelerin borsaları üzerine yapılmış çalışmalardır. Bu çalışmalar bir borsada meydana gelen fiyat değişimlerinin diğer borsalarda etki yaratıp yaratmadığını anlamaya yönelik çalışmalardır.

Croci doktora tezinde Londra, Frankfurt, Paris, Milano ve Tokyo ile New York borsaları arasındaki eşhareketliliği incelemiş ve bu borsalardaki getirilerin bir kısmının New York borsasında oluşan fiyat hareketleri ile açıklanabileceği sonucuna

---

[96] Anssi Kohoneny, "Explaining meteor showers in stock markets: New test for transmission effects and estimation of signal-extraction model for simultaneously open markets", Department of Political and Economic Studies, University of Helsinki, and HECER, 2012, s. 1-28.

[97] Taufiq Hassan - Annuar Bin Nassir - Shamsher Mohamad, "The Heat Waves or Meteor Showers Hypothesis: Test on Selected Asian Emerging and Developed Stock Markets", *Investment Management and Financial Innovations*, 2006, c. 3, S. 1, s. 120-131.

ulaşmıştır. ABD piyasalarında oluşan bilginin dünya piyasalarına ulaşması ve fiyatlara yansımasını piyasa etkinliği bakımından olumlu olarak yorumlamıştır.[98]

Besler ve Yang (2003), Uluslararası hisse senetleri piyasalarında karşılıklı bağlılığın yapısını araştırdıkları makalelerinde, geçmiş yıllarda eşbütünleşme ile ilgili yapılmış çalışmalarda karşılıklı bağlılığın yapısının yanlış ortaya konduğunu belirtmişlerdir. Besler ve Yang iki yeni tekniğin varlığından söz etmişlerdir: Hata–Düzeltme Modeli (Error Correction Modeling) ve Yönlendirilmiş Çevrimsiz Grafikler. Dokuz Pazar incelenmiştir. Japonya dışarıdan en çok etkilenen piyasa iken Canada ve Fransa en az etkilenen piyasalardır. ABD diğer borsalardan etkilense de, uzun vadede diğer borsaları etkileyen en güçlü piyasadır.[99]

Beine, Blancard ve Raymond, yapmış oldukları çalışmada borsalar arasında uluslararası doğrusal ve doğrusal olmayan nedensellik ilişkini araştırmışlardır. Bu çalışmada Fransa, Almanya, Japonya, Birleşik Krallık ve ABD borsalarından hisse senedi endekslerinin getirilerini kullanmışlardır. Veri seti 1973 ve 2003 yıllarını kapsamaktadır. Bu çalışmayla doğrusal olmayan nedensellik ilişkisini ilk defa geniş kapsamlı biçimde ortaya koyduklarını belirtmektedirler. Araştırmacılar Avrupa ülkeleri ile ABD arasında güçlü bir bağlılık tespit etmişlerdir. Bu bağlılığın yönü Amerika'dan Avrupa'ya doğrudur. 1987 yılından sonra bu doğrusal bağlılığın arttığını belirtmektedirler. Bunlarla birlikte çift yönlü bir doğrusal olmayan nedensellik tespit edilmiştir. Bu çalışmada değişen varyans (heteroskedasticity) FIGARCH modeli ile süzülmüştür. Ayrıca araştırmacılar geçmiş yıllarda yapılmış çalışmalarda doğrusal olmayan nedensellik ilişkisinin düşük çıkmasını değişen

---

[98] Croci, *a.g.t.*, s. 5.

[99] David A. Bessler – Jian Yang, "The Structure of Interdependence in International Stock Markets", *Journal of International Money and Finance,* 2003, c. 22, S. 2, s. 261-287.

varyans etkisinin varlığına bağlamışlardır. Bu çalışmada doğrusal Granger nedensellik ve doğrusal olmayan Granger nedensellik testleri uygulanmıştır.[100]

Becker, Finnerty ve Gupta (1990), yapmış oldukları araştırmada zaman içinde ABD ve Japon Hisse Senetleri Piyasaları arasındaki ilişkiyi incelemişlerdir. Yazarlar, ABD'nin Japonya üzerine etkisi incelenirken yüksek korelasyon tespit etmiş ama aynı zaman diliminde Japon piyasalarının ABD üzerine çok az etkisi olduğunu ortaya koymuşlardır.[101]

Mavrakis ve Alexakis (2008), hisse senetleri piyasalarının bağları isimli çalışmalarında Yunan hisse senetleri borsasının üç büyük ekonomi ile olan bağını incelemişlerdir. Bu ekonomiler; Almanya, İngiltere ve ABD'dir. Johansen–Juselius metodolojisi kullanarak 1991–2004 yılları arasındaki veriler analiz edilmiştir. Araştırmada uzun vadeli ilişki tespit edilmiştir. Bunlar Yunanistan ile Almanya, İngiltere ve ABD arasındadır.[102]

Ratanapakorn ve Sharma (2002), bölgesel borsa endeksleri arasında karşılıklı bağlılıklar isimli çalışmalarında, Amerika, Avrupa, Latin Amerika, Doğu Avrupa ve Ortadoğu borsa endekslerinin Asya krizi öncesi ve Asya krizi sırasında kısa ve uzun vadeli ilişkilerini araştırmaktadır. Bu iki sürece ilişkin sonuçlar karşılaştırılmıştır. Bu endeksler arasında kriz öncesinde uzun vadeli bir ilişki gözlenmemiştir ama kriz sırasında kısa vadeli bir eşbütünleşme vektörü tespit edilmiştir. Kriz sırasında küreselleşme yükselmiştir ve Avrupa borsaları direkt olarak ABD pazarını etkilemiştir. Bunun yanı sıra diğer yerel endeksler ABD pazarını dolaylı etkilemiştir. Bu krizin etkileri ABD borsalarına geçici olurken, Avrupa borsaları üzerine daha

---

[100] Beine – Blancard – Raymond, *a.g.m.*, s. 663.

[101] Kent Becker – Joseph Finnerty – Manoj Gupta, "The Intertemporal Relation Between the U.S. and Japanese Stock Markets", *The Journal of Finance*, 1990, c. XLV, S. 4, s. 1297.

[102] E. K. Mavrakis – Christos A. Alexakis, "Stock Markets' Linkages: An Empirical Investigation for Long-Term International Diversification Benefits", *International Research Journal of Finance and Economics*, 2008, S. 21, s. 163.

kalıcı olmuştur.[103]

Sharkasi, Heaher Ruskin ve Crane (2004), gelişmekte olan pazarlar ile gelişmiş pazarların birbirine bağlılığını 2002 yılında Lee tarafından geliştirilen bir model ile ölçmüşlerdir. Gelişmiş ülkeler olarak Amerika Birleşik Devletleri ve Birleşik Krallık, gelişmekte olan ülkeler olarak da İrlanda ve Portekiz ele alınmıştır. Araştırmanın sonuçlarına göre, Amerika'nın gelişmekte olan borsalara etkisi anlamlıdır. Ayrıca gelişmekte olan ülkeler birbirini etkilemektedir. Gelişmiş ülkelerin eşbütünleşmesi söz konusu değildir.[104]

Kwan, Sim ve Cotsomitis (1995), gerçekleştirmiş oldukları çalışmada dokuz büyük borsa endeksinin aylık verilerine eşbütünleşmeyi ölçmek için Granger nedensellik testi uygulamışlardır. Borsalar arasında tatmin edici çift yönlü ilişkiler bulmuşlardır.[105]

Aaltonen ve Östermark (1997), Fin ve Japon Menkul kıymet borsaları arasında nedensellik ilişkisini test ettikleri bu çalışmada, Temmuz 1990 ile Şubat 1993 tarihleri arasındaki verileri kullanmışlardır. Burada endeks verilerinden yola çıkılarak getiriler hesaplanmıştır ve hesaplamalar getiri verileri üzerinden gerçekleştirilmiştir. ADF birim kök testi ile durağanlık araştırılmıştır. Sonrasında eşbütünleşme testi yapılmış ve ilişki tespit edilememiştir. Ardından da Granger nedensellik testi

---

[103] Orawan Ratanapakorn – Subhash C. Sharma, "Interrelationships Among Regional Stock Indices", *Review of Financial Economics,* 2002, S. 11, s. 91-108.

[104] Adel Sharkasi – Heather Ruskin – Martin Crane, "Interdependence between emerging and major Markets", *16th Symposium of IASC,* 2004, s. 1-6.

[105] Andy Kwan – Ah-Boon Shim – John Cotsomitis, "The Causal Relationships between Equity Indices on World Exchanges", *Applied Economics,* 1995, S. 27, s. 33-37.

gerçekleştirilmiştir. Bu çalışmada araştırmacılar, iki ülke borsası arasında nedensellik tespit etmiştir.[106]

4.2. ASYA PASİFİK ÜLKELERİ ÜZERİNE YAPILMIŞ ÇALIŞMALAR

Bir borsadaki fiyat değişimlerinin diğer borsaları nasıl etkilediğini anlamada kullanılan eşbütünleşme analizleri akademisyenlere ve yatırımcılara yol gösterici niteliğe sahiptir. Son yıllarda Asya Pasifik ülkelerinde107 bu konu üzerinde yapılmış çok sayıda çalışma bulunmaktadır. Bu çalışmalarda ölçüme konu olan değişkenler fiyat değişimlerinin ülke borsalarında meydana getirdiği etkilerdir.

Liu, Pan ve Shieh (1998), yapmış oldukları çalışmada hisse senedi fiyat hareketlerinin uluslararası aktarımı konusunu incelemişlerdir.[108] Bu çalışmada ABD ve beş pasifik ülkesinin verilerini kullanmışlardır. Bu ülkeler ABD, Japonya, Hong Kong, Singapur, Tayvan ve Tayland'dır. Vektör Otoregresif analiz kullanılarak günlük getiriler üzerinden uluslararası aktarımın yapısı araştırılmıştır. Bulgular şu yöndedir: İlk olarak 1987 yılı hisse senetleri krizinden sonra ulusal borsalar arasındaki bağlılık derecesi artmıştır. ABD pazarının Pasifik ülkeleri üzerinde belirgin bir etkisi söz konusudur. Japonya ve Singapur birlikte diğer pasifik ülkeleri üzerinde belirgin bir etkiye sahiptir. Tayvan ve Tayland borsaları uluslararası haberleri işlemede etkin değillerdir. Bu çalışma yapılırken borsalar arasındaki saat

---

[106] J. Aaltonen – R. Östermark, "A Rolling Test of Granger Causality Between the Finnish and Japanese Security Markets", *Omega The International Journal of Management Science,* 1997, c. 25, S. 6, s. 635-642.

[107] Asya Pasifik Ekonomik İşbirliği ya da APEC Büyük Okyanus kıyısındaki 21 ülkenin katıldığı, dünya ekonomisinin %60'ını temsil eden ve bölgesel ekonomik, işbirliği, ticaret ve yatırım konularının paylaşıldığı uluslararası bir örgüttür. Üye ülkeler: Avustralya, Brunei Sultanlığı, Kanada, Endonezya, Japonya, Malezya, Filipinler, Yeni Zelanda, Singapur, Güney Kore, Tayland, ABD, Tayvan, Hong Kong, Çin, Meksika, Papua Yeni Gine, Şili, Peru, Rusya ve Vietnam'dır.

[108] Angela Liu – Ming-Shiun Pan – Joseph Shieh, "International Transmission of Stock Price Movements: Evidence from the U.S. and Five Asian-Pacific Markets", *Journal of Economics and Finance,* 1998, c. 22, S. 1, s. 59.

farkları göz önünde bulundurulmuş ve pasifik ülkelerinin fiyat değişimlerinin Amerika'da fiyatlaması aynı günde yapılabilirken, Amerika fiyat değişimlerinin pasifik ülkelerine etkisinin bir gün sonra gerçekleşebildiği dikkate alınmıştır.

Cha ve Oh (2000), gelişmekte olan pasifik ülkelerinin borsalarının gelişmiş ülkelerin hisse senetleri borsaları ile ilişkisini araştırdıkları çalışmada üç değişkenli VAR modeli kullanmışlardır. Amerika ve Japonya'nın, Hong Kong, Kore, Singapur ve Tayvan ile ilişkisi incelenmiştir. Kasım 1987 sonrasında bu ilişki güçlenmeye başlamıştır ve 1997 Asya krizinden sonra belirgin biçimde yoğunlaşmıştır.[109]

Valadkhani, Chancharat ve Harvie (2006), Tayland borsası ile diğer 15 borsanın fiyat getirileri arasındaki ilişkiyi incelemişler ve Singapur, Endonezya ve Malezya borsalarının getirilerinin Tayland borsasındaki getiriler üzerinde etken olduğunu bulmuşlardır. Singapur borsasının uluslararası yatırımcıların en fazla önemsediği borsa olduğunu belirterek bu borsada oluşan fiyatların bölge için öncü gösterge olabileceğini vurgulamışlardır.[110]

4.3. BORSALAR ARASI BİLGİ AKIŞ HIZINI ÖLÇMEYİ AMAÇLAYAN ÇALIŞMALAR

Menkul kıymet borsalarında eşbütünleşmeyi ölçmeyi amaçlayan testler çoğunlukla uzun süreli ilişkileri ölçmede kullanılsa da, bilginin bir borsadan başka bir borsaya iletilme hızını ölçmeye yönelik olarak yapılmış bazı ampirik çalışmalar da bulunmaktadır.

---

[109] Baekin Cha – Sekyung Oh, "The relationship between developed equity markets and the Pacific Basin's emerging equity markets", *International Review of Economics and Finance,* 2000, c. 9, s. 299.

[110] Abbas Valadkhani – Surachai Chancharat – Charles Havie, "The Interplay between the Thai and Several Other International Stock Markets", *University of Wollongong Economics Working Paper Series,* 2006, s. 11.

Cerny (2004), New York, Londra, Frankfurt, Paris, Varşova ve Prag hisse senetleri borsalarından 8 aylık veri kullanarak eşbütünleşme ve verilerin aktarılma hızını incelemiştir. Eşbütünleşme ve Granger nedensellik testi kullanılmıştır. Bu çalışmayı yaparken 5 farklı frekansta veri kullanmıştır (5 dakikalık veriden 1 günlük verilere kadar). Borsalarda oluşan fiyatlarda bilgi aktarımının etkisini ölçmeye çalışmıştır. Çalışmanın sonucunda New York Borsasının diğer borsalar için önemli bir bilgi kaynağı olduğu ortaya çıkmıştır. İlk tepki 5 dakika içinde gelirken, asıl etkileşim 30 dakika içinde gerçekleşmektedir. Londra'dan Paris ve Frankfurt'a olan bilgi aktarımı, Paris'ten Frankfurt'a ve Frankfurt'tan Paris'e bilgi aktarımıyla karşılaştırıldığında önemsiz kabul edilmiştir. İki Doğu Avrupa borsası, Prag ve Varşova'nın Frankfurt'tan etkilendiği ortaya konmuştur. Prag 30 dakika içinde tepki verirken, Varşova 1 saat içinde tepkime süresine sahiptir.[111]

Al–Fayoumi, Khamees ve Al–Thuneibat (2009), yapmış oldukları çalışmada Hisse Endekslerinin Getirileri Arasında Bilgi Aktarımı: Ürdün Hisse Senetleri Borsası Örneği konusunu incelemişlerdir. Burada Amman Hisse senetleri borsasında oluşan günlük getiriler üzerinden hesaplamalar yapılmıştır. Veri aralığı 3 Eylül 2000 ve 30 Ağustos 2007'dir. Yapılan çalışmada ele alınan endeksler borsanın genel, finansal, sanayi ve hizmetler endeksleridir. Uzun vadede anlamlı bir eşbütünleşme tespit edilmiştir. Analiz sırasında kısa süreli nedensellik ilişkisi Vector Error Correction Model ile ortaya konmuştur. Genel endeksten finansal, sanayi ve diğer endekslere doğru bir nedensellik mevcuttur fakat hizmetler endeksinin diğerleri üzerine Granger etkisi tespit edilememiştir. Sonuç olarak Amman Borsası'nda ürün çeşitlendirmesi için hizmetler endeksine dahil hisseler kullanılabilir sonucuna varılmıştır. Çalışmada birim kök testleri yapılarak, Augmented Dickey Fuller, Philips–Perron ve Kaiwtkowski değerlerine ulaşılmıştır. Tanımlayıcı istatistik verileri

---

[111] Alexandr Cerny, "Stock Market Integration and the Speed of Information Transmission", *Charles University Center for Economic Research and Graduate Education Academy of the Czech Republic Economics Institute*, 2004, s. 16.

bulunmuş ardından da korelasyon matrisi oluşturulmuştur. Ardından Johansen'in VAR temelli eşbütünleşme testi uygulanmıştır.[112]

4.4. TÜRKİYE'Yİ KONU ALAN ÇALIŞMALAR

Türkiye'yi konu alan çalışmalarda kimi zaman gelişmiş ülkeler Türkiye ilişkisi, kimi zaman da gelişmekte olan ülkeler Türkiye ilişkisi incelenmiştir.

Aktar (2009), "Türkiye, Rusya ve Macaristan menkul kıymet borsaları arasında eşhareketlilik var mıdır?" isimli makalesinde Granger nedensellik analizini kullanarak uzun vadeli bir ilişki araştırmıştır. Veri seti Ocak 2000 ve Ekim 2008 tarihleri arasını kapsamaktadır. Augmented Dickey Fuller testi ile verilerin durağan olup olmadığı araştırılmış ve durağan olmadıkları tespit edilmiştir. Veriler durağanlaştırıldıktan sonra Johansen tahmin yöntemiyle eşbütünleşim araştırılmıştır. Borsalar arasında kısa vadeli ilişki ve nedensellik tespit edilmiştir. Granger nedensellik analizi sonuçlarına göre de Türkiye ve Rusya arasında iki yönlü nedensellik tespit edilmiştir. Ayrıca Macaristan menkul kıymet borsası Türk borsasına Granger etkisi gösterirken tersi gerçekleşmemiştir ve Rus menkul kıymet borsası Macaristan menkul kıymet borsasını etkilerken, tersi gerçekleşmemiştir.[113]

Berument ve İnce (2005), yapmış oldukları çalışmada S&P500'ün getirisinin gelişmekte olan borsalara etkisi: Türkiye örneğini araştırmışlardır. Günlük verilerin kullanıldığı bu araştırmada Standart and Poors'un getirilerinin, 4 güne kadar İMKB'yi pozitif yönde etkilediğini tahmin etmektedirler. Bu araştırmada Vector Autoregressive Model (VAR) kullanılmıştır. Eşbütünleşme modelinin uzun süreli

---

[112] Al-Fayoumi – Khamees – Al-Thuneibat, *a.g.m.*, s. 204.

[113] Aktar, *a.g.m.*, s. 194-199.

ölçümlerde kullanılabildiğini fakat kısa vadeli ölçümlerde etkili olamadığını ifade etmişlerdir.[114]

Darrat ve Benkato (2003), yaptıkları araştırmada İMKB ile ABD, İngiltere, Almanya ve Japonya hisse senedi piyasaları arasında, Ocak 1986–Mart 2000 dönemindeki fiyat hareketlerinden eşbütünleşmeyi incelemişlerdir. Çalışmalarında, İMKB'deki fiyat hareketlerinin kısa vadede bu dört ülkedeki fiyat hareketlerinden uzaklaşsa bile uzun vadede bu uzaklığın sürmesini engelleyecek dengeleyici güçlerin görüldüğünü ve İMKB'deki fiyat hareketlerinin uzun vadede bu dört ülke piyasalarındaki gelişmelerden önemli ölçüde etkilendiğini ortaya koymuşlardır. Ayrıca beklendiği gibi finansal liberalizasyonla beraber İMKB'nin global piyasalar ile entegrasyonunun arttığı bulunmuştur. Ancak bunun bir maliyetinin de, İMKB'nin portföy yönetiminde çeşitlilik açısından değerinin azalması olduğunun altını çizmişlerdir. Birim kök testleri ve Johansen–Juselius eşbütünleşme testleri analiz sürecinde kullanılmıştır. Ayrıca getiri volatilitesinin ölçülmesi için de GARCH modeli kullanılmıştır.[115]

Elmas ve Temurlenk (2009), Granger nedensellik analizi kullanarak hisse senedi fiyatı–işlem hacmi arasındaki ilişkiyi İMKB verileri ile test etmişlerdir. Araştırmaya konu olan 9 şirketten 7'sinde fiyat–hacim arasında fiyattan işlem hacmine doğru tek yönlü bir nedensellik tespit edilmiştir.[116]

Çelik (2007), hazırlamış olduğu, Etkin piyasa hipotezi ve gelişmekte olan hisse senedi piyasalarında eşhareketlilik isimli, doktora tezinde 1998–2007 yıllarını

---

[114] Hakan Berument – Onur İnce, "Effect of S&P500's Return on Emerging Markets: Turkish Experience", *Applied Financial Economics Letters,* 2005, c. 1, S. 1, s. 64.

[115] Ali F. Darrat – Omar M. Benkato, "Interdependence and Volatility Spillovers Under Market Liberalization: The Case of Istanbul Stock Exchange", *Journal of Business Finance & Accounting,* 2003, c. 30, S. 7-8, s. 1089-1114.

[116] Bekir Elmas – Sinan Temurlenk, "Hisse Senedi Fiyatı-İşlem Hacmi Arasındaki Granger Nedensellik: İMKB'de Hisse Bazlı Bir Analiz", *10. Ekonometri ve İstatistik Sempozyumu,* 2009, s. 8.

kapsayan bir çalışma yapmıştır. 11 gelişmekte olan ülkenin verilerini kullanmış ve bu ülkeler arasında doğrusal bir ilişkiyi işaret eden 2 eşbütünleşim vektörün varlığı tespit edilmiştir. Türkiye hisse senedi piyasasına uzun vadede Çek ve Hindistan piyasalarındaki artış veya azalışlar aynı yönde etki etmektedir. Öte yandan Arjantin, Endonezya, Macaristan piyasalarındaki değişimler Türkiye'yi ters yönde etkilemektedir. İkinci Eşbütünleşim denklemi ise Brezilya borsasının Meksika, İsrail ve Hindistan piyasaları ile aynı yönde fakat Kore, Endonezya, Macaristan piyasaları ile ters yönde bir ilişki içerisinde olduğunu işaret etmektedir. [117]

---

[117] Çelik, *a.g.t.*, s. 76.

BEŞİNCİ BÖLÜM

ULUSLARARASI BORSALARIN BİRBİRİNİ ETKİLEME GÜCÜNÜN ÖLÇÜLMESİNDE KULLANILACAK ZAMAN SERİSİ MODELLERİNE GENEL BİR BAKIŞ

Menkul kıymet borsalarının birlikte hareket edip etmediğinin araştırıldığı çalışmalarda sıklıkla zaman serilerinden yararlanılmaktadır. Zaman serilerinin analizinde ekonometrik modellerin kullanılması bu konu üzerine ilgiyi artırmıştır.

Kointegrasyon (eşbütünleşme) analizi, zaman serileri alanına 1980'lerden itibaren girmiş ve birçok ampirik çalışmada kullanılır olmuştur. Zaman serilerinde karşılaşılan en önemli sorun, serilerin zamanın etkisini üzerinde taşımaları ve zamanla birlikte artma eğiliminde olmalarıdır. Bu durum, değişkenler arasındaki ilişkilerde sahte regresyonlara sebep olmakta, elde edilen t, F vb. test sonuçları gerçekte anlamlı olmadığı halde anlamlı gözükmektedir. Seriler arasında zamanın etkisinden arındırılmış gerçek ilişkileri ortaya koymak için, öncelikle serilerin durağan hale getirilmesi gerekir. Genellikle zaman serilerinin birinci ya da ikinci farklarının alınması ile seri durağan hale gelmektedir. Yine durağanlaştırma işlemi için serinin logaritmasının, logaritmik farklarının alınması, DF, ADF gibi istatistikler kullanılmaktadır.[118]

Durağan olmama, değişkenin zaman içindeki seyrinin beklenen değeri etrafında toplanmamasına yol açar. Bu nedenle değişkene ilişkin sağlıklı tahminler yapabilmek için serinin durağanlaştırılması gerekir. Eğer stokastik bir süreç mevcut ise, değişken için fark alma işleminin uygulanması gerekir. Fark alma, değişkene ilişkin uzun dönem bilgisinin kaybolmasına yol açar. Çünkü fark uzun dönem çözüme izin vermez. İki değişkenin yer aldığı bir modelde, değişkenlerin doğrusal

---

[118] Hilal BOZKURT, *Zaman Serileri Analizi*, Ekin Kitabevi, Bursa, 2007, s. 109.

bileşimi durağansa, farklarını almak spesifikasyon hatasına yol açar. Bu noktadan hareketle, makro ekonomik çalışmalarda zaman serilerinin birçoğunun durağan olmadığı gerçeği, dikkatleri kointegrasyon analizine yöneltmiştir. Gerçekte tek başlarına durağan olmayan zaman serilerinin, belirli bir entegre seviyesinde doğrusal bileşimlerinin durağan bir süreç oluşturduğu kointegrasyon analizi ile değişkenler arasındaki uzun dönem ilişkiler ortaya konulabilmektedir. Durağan olamayan serilerin farkı alınması nedeniyle, değişkenler arasında ancak kısa dönemde gözlenebilecek ilişkiler, bu yöntemin kullanılması ile uzun döneme yayılmaktadır. Değişkenler kısa dönemde kendilerine özgü şoklarla değil, uzun dönemde değişkenleri ortak olarak ifade edebilecek stokastik trendlere sahip olacaklardır. Böylece uzun dönemde değişkenler arasında gözlenen ilişki ve elde edilen uzun dönem katsayıları hata düzeltme modelinde yerine konularak dinamik bir denge durumuna ulaşılacaktır.[119]

Bu bölümde çalışmanın uygulama kısmında kullanılacak zaman serisi modelleri üzerinde durulacaktır.

5.1. ZAMAN SERİLERİNDE DURAĞANLIK

Bir serinin zaman içinde ortalaması, varyansı ve kovaryansının sabit olması, geleceğe yönelik yapılacak tahminlerde önemli bir koşuldur. Zaman serisi için arzu edilen koşul, serinin durağan olmasıdır. Ancak pek çok zaman serisi izlendiğinde, bu koşulu sağlamadıklarını görmekteyiz. Bu durumda yapılması gereken öncelikle durağan olmama durumunu tespit ettikten sonra değişkeni durağan hale getirmek gerekir.[120]

---

[119] Bozkurt, *a.g.e.*, s. 110.

[120] Bozkurt, *a.g.e.*, s. 31.

Durağan olmayan serilerin analizi sonucu sahte regresyonlar ortaya çıkabilir. Bu sahte regresyonda yüksek bir R^2 ve anlamlı bir t istatistiği söz konusu olsa bile, parametre tahmin sonuçları ekonomik yorum bakımından anlamsızdır.[121]

Serilerin analizinde durağanlık oldukça önemli bir konu olduğundan seriler üzerinden herhangi bir analiz gerçekleştirmeden önce serilerin duranlığının test edilmesi gerekir. Serilerin durağanlığının test edilmesinde kullanılan yöntemlerden biri birim kök testleridir. Bu testler, serilerin durağanlığının ölçümünde oldukça sık kullanılırlar. Araştırmalarda kullanılan zaman serilerinin birim kök içermesi, durağan olmadıklarını göstermektedir. Uygulanan birim kök testleri neticesi, serilerin durağan olmaması gibi bir sonuçla karşılaşılabilir, böyle bir durumda serilerin farklarının alınması yoluna gidilebilir.[122]

Serilerin düzeylerinde durağan bulunmamasına rağmen birbirleri arasında bir bütünleşik yapının var olup olmadığının tespit edilmesi, varsa bu bütünleşik yapının ortaya çıkardığı doğrusal bileşenin (hata terimlerinin) durağanlığının test edilmesi, serilerin farkları alınmadan da orijinal verileriyle analize dahil edilmesine yardımcı olur. Şayet seriler arasında bir birlikte hareket etme davranışı söz konusu değilse o zaman serilerin durağanlığı sağlanana değin farklarının alınması gerekecektir.[123]

---

[121] Mustafa Sevüktekin – Mehmet Nargeleçekenler, Ekonometrik Zaman Serileri Analizi, Nobel Yayın Dağıtım, Ankara, 2007, s. 311.

[122] İsmail Çelik, "Vadeli İşlem Piyasasında Fiyat Keşfi: İzmir Vadeli İşlem ve Opsiyon Borsasında Ampirik Bir Uygulama", Süleyman Demirel Üniversitesi, Sosyal Bilimler Enstitüsü, (Yayımlanmış Doktora Tezi), Isparta 2011, s. 91.

[123] Selim Adem Hatırlı – Erdoğan Öztürk – Ali Rıza Aktaş, "Fındık Piyasasında Fiyat Geçirgenliğinin Analizi", *Akdeniz Üniversitesi Ziraat Fakültesi Dergisi*, 2008, c. 21, S. 1, s. 140-141.

5.1.1. Dickey-Fuller Birim Kök Testi

Dickey ve Fuller 1979 senesinde Monte-Carlo çalışmalarına dayandırılarak, boş hipotez altında zaman serilerinin oluşum sürecinde birim kökün varlığı t_δ istatistikleri için kritik değerleri içeren bir tablo oluşturmuştur. Çalışmalarının sonucunda t-istatistiği ile yapılan sınamada standart t-tablosu yerine düzeltilmiş t-tablosunu kullanmışlardır. Bunun sonucu, konu literatüre τ (tau) istatistiği veya Dickey-Fuller testi olarak geçmiştir.[124]

Eğer t istatistiğinin mutlak değeri, çeşitli anlamlılık düzeylerine göre bulunan MacKinnon kritik değerlerinin mutlak değerinden küçükse zaman serisinin durağan olmadığı büyükse serinin durağan olduğu sonucuna ulaşılır.[125]

Zaman serisinin oluşum sürecinde birim kökün varlığı hakkında sınama yapabilmek için kurulacak temel ve alternatif hipotez aşağıdaki gibi olmalıdır.

H_0: $\delta=0$ ($\varphi=1$) eğer $t_\delta > \tau$ ise seri durağan değildir.

H_1: $\delta<0$ ($\varphi<1$) eğer $t_\delta < \tau$ ise seri durağandır.

---

[124] Sevüktekin – Nargeleçekenler, *a.g.e.*, s. 313.

[125] Recep Tarı, *Ekonometri*, Avcı Ofset, İstanbul, 2007, s. 534.

Çizelge 5-1 Dickey-Fuller τ-istatistikleri için kritik tablo değerleri

Örneklem Hacmi ↓	Daha Küçük Bir Değerin Olasılığı							
	0.01	0.025	0.05	0.10	0.90	0.95	0.975	0.99
	Kesmesiz ve Trendsiz Model için τ-İstatistiği							
25	-2.66	-2.26	-1.95	-1.60	0.92	1.33	1.70	2.16
50	-2.62	-2.25	-1.95	-1.61	0.91	1.31	1.66	2.08
100	-2.60	-2.24	-1.95	-1.61	0.90	1.29	1.64	2.03
250	-2.58	-2.23	-1.95	-1.62	0.89	1.29	1.63	2.01
500	-2.58	-2.23	-1.95	-1.62	0.89	1.28	1.62	2.00
∞	-2.58	-2.23	-1.95	-1.62	0.89	1.28	1.62	2.00
	Kesmeli ve Trendsiz Model için τ_μ-İstatistiği							
25	-3.75	-3.33	-3.00	-2.62	-0.37	0.00	0.34	0.72
50	-3.58	-3.22	-2.93	-2.60	-0.40	-0.03	0.29	0.66
100	-3.51	-3.17	-2.89	-2.58	-0.42	-0.05	0.26	0.63
250	-3.46	-3.14	-2.88	-2.57	-0.42	-0.06	0.24	0.62
500	-3.44	-3.13	-2.87	-2.57	-0.43	-0.07	-0.24	0.61
∞	-3.43	-3.12	-2.86	-2.57	-0.44	-0.07	0.23	0.60
	Kesmeli ve Trendli Model için τ_τ-İstatistiği							
25	-4.38	-3.95	-3.60	-3.24	-1.14	-0.80	-0.50	-0.15
50	-4.15	-3.80	-3.50	-3.18	-1.19	-0.87	-0.58	-0.24
100	-4.04	-3.73	-3.45	-3.15	-1.22	-0.90	-0.62	-0.28
250	-3.99	-3.69	-3.43	-3.13	-1.23	-0.92	-0.64	-0.31
500	-3.98	-3.68	-3.42	-3.13	-1.24	-0.93	-0.65	-0.32
∞	-3.96	-3.66	-3.41	-3.12	-1.25	-0.94	-0.66	-0.33

Kaynak: Sevüktekin, M. ve Nargeleçekenler, M., Ekonometrik Zaman Serileri Analizi, Nobel Yayın Dağıtım, Ankara, 2007 s. 314.

Yukarıdaki hipotezlerde τ verisi, verilen anlamlılık düzeyinde Dickey-Fuller τ tablosunda elde edilen kritik değerdir. Diğer durumlarda zaman serisinin durağan olmadığından bahsedilir.

Serinin durağanlığı test edilirken tabloda yer alan ve en genel olarak kabul edilen τ_τ istatistiği kullanılır. τ_τ testi için kurulacak hipotez, zaman serisinde kesme olduğunu ve deterministik trend olduğu varsayılarak birim kökün varlığını araştırmaktır.[126]

5.1.2. Augmented Dickey Fuller Testi

Dickey-Fuller testinde söz konusu bütün adımlarda hata payları açısından bir otokorelasyonun olmadığı varsayılmaktadır. Oysa hata terimlerinde otokorelasyon söz konusu olduğunda bu sorunu açmak için bağımlı değişkenin geçmişe dönük gecikmeli değerleri denklemde eşitliğin sağ tarafına ilave edilerek teste tabi tutulabilecektir. Dickey-Fuller (1981) tarafından vurgulanan bu konu Artırılmış Dickey-Fuller (ADF) testinin DF testinden tek farkıdır.[127]

ADF testinin uygulanabilmesi için hata payındaki otokorelasyonun ortadan kaldırılması otokorelasyonun doğru tespit edilmesiyle alakalıdır. Modele yanlış gecikme uzunluğunun yerleştirilmesi neticesi ortaya çıkacak modelin gücünü azaltıcı etkileri ortadan kaldırmak için örneklemin büyüklüğüne göre çeşitli stratejiler yürütülebilir.[128] Uygun gecikme seviyesini belirlemede sıklıkla kullanılan yöntemler; Akaike Bilgi Kriteri (AIC) ve Schwartz Kriteridir (SC).[129]

5.2. ZAMAN SERİLERİNDE EŞBÜTÜNLEŞME ANALİZLERİ

Zaman serilerinin durağan olmamaları durumunda farkları alınarak durağan hale getirilmeleri, serilerin sadece geçmiş dönemde maruz kaldıkları kalıcı şokları

---

[126] Sevüktekin – Nargeleçekenler, *a.g.e.*, s. 94.

[127] Bozkurt, *a.g.e.*, s. 39.

[128] Sevüktekin – Nargeleçekenler, *a.g.e.*, s. 323.

[129] Çelik, *a.g.t.*, s. 94.

yok etmekle kalmamakta, aynı zamanda serilerin birbirleriyle aralarında olabilecek uzun dönemli ilişkileri de ortadan kaldırabilmektedir.[130]

Eşbütünleşme analizi, tek tek durağan olmayan birden fazla zaman serisinin uzun dönemli doğrusal bileşimlerinin durağan olup olmadığını ortaya koymak amacıyla geliştirilmiştir. İki zaman serisi arasında bütünleşik bir yapının ortaya konulması, bu serilerin uzun dönemli denge ilişkilerini de ispatlamaktadır.[131]

Durağan olmayan serilerin farklarının alınması nedeniyle değişkenler arasında sadece kısa dönemli ilişkiler gözlenebilirken, eşbütünleşme testleri hata düzeltme modeliyle uygulandığında kısa dönemli kendilerine has şoklarla değil, uzun dönemde değişkenleri ortak olarak ifade edebilecek stokastik trendlere sahip olacaktır. Böylece uzun dönemde değişkenler arasındaki gözlenen ilişki, hata düzeltme modelinde yerine konularak dinamik bir denge durumuna ulaşacaktır.[132]

Durağan olmayan zaman serilerinin doğrusal bileşimi olan ve durağan olduğu tespit edilen hata paylarının tipik bir VAR (Vektör Otoregresif Model) modelinde yer aldığı süreç olarak ifade edilen hata düzeltme modeli, Granger (1981) tarafından ele alınmıştır. Modele göre, iki değişkenin durağanlık mertebesi, iki değişken arasındaki dengesizlikten kaynaklanan hata teriminin durağanlık mertebesinden büyükse, söz konusu iki değişken arasında uzun dönemli bir ilişkiden bahsedilebilir. Değişkenlerin durağanlık düzeyleriyle hata teriminin durağanlık düzeyi arasında bir eşitlik söz konusu ise, iki değişken arasında uzun dönemli bir ilişki gözlenemeyecektir.[133]

Uygulamada en çok iki farklı eşbütünleşme testinden bahsedilir. Bunlar: İki Aşamalı Engle-Granger Eşbütünleşme Analizi ve Johansen Eşbütünleşme Testidir.

---

[130] Tarı, *a.g.e.*, s. 405.

[131] Damodar Gujarati, *Temel Ekonometri*, Literatür Yayıncılık, İstanbul, 2006, s. 730.

[132] Bozkurt, *a.g.e.*, s. 110.

[133] Bozkurt, *a.g.e.*, s. 407.

İki aşamalı Engle-Granger Eşbütünleşme Analizinde iki değişken arasındaki uzun dönemli bütünleşik yapı ortaya konulmaya çalışılır. Bu yapılırken değişkenlerin arasındaki uzun dönemli eşbütünleşmenin araştırılabilir olduğunu ortaya koymak için analize dahil edilen zaman serilerinin aynı düzeyde durağan olup olmadıkları ortaya konulur. Seriler aynı düzeyde bütünleşikse, eşbütünleşme regresyon denklemleri kurulur. Daha sonra denge hata terimlerinin durağan olup olmadıkları araştırılmak suretiyle eşbütünleşmenin varlığı ortaya konulmaya çalışılır.[134]

Yöntemin bazı kısıtları vardır. Test sürecinin herhangi bir aşamasındaki hata ileri aşamalara taşınabilir. Ayrıca sistemde yer alan her bir değişkene ilişkin farklı denklemler tahmin edildiğinde, örneğin iki değişkenin yer aldığı bir sistemde, değişkenin birine ilişkin eşitlikte kointegrasyon ilişkisine rastlanırken, diğer değişkene ilişkin eşitlikte böyle bir ilişki gözlenmeyebilir. Bu durum değişkenler arasındaki ilişkide bir belirsizlik yaratabilir. Sistemde ikiden fazla sayıda değişken olması durumunda bu sözü edilen güçlük yine karşımıza çıkmaktadır. Bu yöntem, çoklu kointegre vektörleri ayrıştırma konusunda bir prosedüre sahip değildir. Sözü edilen güçlüklere rağmen Engle-Granger testi bu alandaki ilk test olması bakımından zaman serileri literatüründe önemli bir yer tutar.[135]

Engle-Granger yönteminde sözü edilen güçlük ve eksiklikler nedeniyle Johansen (1988) tarafından bir test öne sürülmüştür. Değişkenler arasında uzun dönemli ilişki, bir eşanlı model yapısı içinde incelenmektedir. Yani bir bütünlük arz etmektedir. Tüm kointegre ilişkiler bir bütünlük içinde eşanlı olarak gözlenmektedir. Engle-Granger testinde rastlanabilen belirsizliğe, bu testte yer yoktur. Katsayılar matrisinin en çok benzerlik tahmincileri, tutarlı tahminler verirler. Uygulamada çok

---

[134] Tarı, *a.g.e.*, s. 407.

[135] Bozkurt, *a.g.e.*, s. 116.

sayıda test olmasına rağmen, Johansen Kointegrasyon Testi sıklıkla başvurulan bir test konumundadır.[136]

5.3. ZAMAN SERİLERİNDE VEKTÖR HATA DÜZELTME MODELİ ANALİZİ

İktisadi ilişkiler arasındaki etkileşimin karmaşıklığı ve çok yönlülüğü, eş anlı denklem sistemlerinin kullanılmasını zorunlu kılmaktadır. Ayrıca ekonomik göstergeler arasındaki karşılıklı etkileşimin doğal sonucu olarak ortaya çıkan bağımlı ve bağımsız değişkenin tayini aşamasında karşılaşılan güçlükler, analizin tutarlılığını da önemli ölçüde etkilemektedir. Bu sebeple eş anlı denklem sistemlerinde, belirleme problemini aşabilmek için bazen yapısal model üzerinde bazı kısıtlamalar yapılması gerekebilmektedir.[137]

Eşbütünleşme konusundaki son gelişmeler, durağan olmayan ve koentegrasyon ilişkisinin olmadığı ispat edilen değişkenler arasındaki nedensel ilişkilerin tespiti için vektör otoregresif modelin (VAR), durağan olmayan ancak eşbütünleşik olan değişkenler arasındaki nedensellik ilişkilerininse vektör hata düzeltme modeli (VECM) ile ortaya konulması yönündedir. VAR modelde değişkenlerin ilk farklarının kullanılması, uzun dönemli ilişkileri ortadan kaldıracağı için, VAR sadece kısa dönemli ilişkileri tespit edebilmektedir. Standart Granger nedensellik testi ile tespit edilemeyen kısa ve uzun dönemli ilişkiler VECM yardımıyla, ayırt edilebilmekte, bu sayede nedenselliğin kaynağı hem uzun hem de kısa dönem için ayrı ayrı tespit edilebilmektedir.[138]

---

[136] Bozkurt, *a.g.e.*, s. 119.

[137] Adrian ve Darnel'den aktaran Mehmet Mucuk – Volkan Alptekin, "Türkiye'de Vergi ve Ekonomik Büyüme İlişkisi: VAR Analizi (1975 - 2006)", *Maliye Dergisi*, 2008, S. 155, s. 162.

[138] Nilgün Çil Yavuz, "Türkiye'de İhracat ve İktisadi Büyüme Arasında Nedensellik Analizi", *İstanbul Üniversitesi Sosyal Siyaset Konferansları,* 2005, S. 49, s. 964.

Engle ve Granger, 1987 yılında değişkenlerin koentegre özellikleri tarafından sağlanan bilgiyi hesaba katan bir nedensellik modeli ileri sürmüştür. Bu model Vektör Hata Düzeltme Modeli olarak ifade edilir. Bu modelin mantığı uzun dönem ve kısa dönem dinamiklerini bir araya getirmektir. Vektör hata düzeltme modelinin uygulanabilmesi için serilerin eşbütünleşik olması zorunludur. Bu analiz; aralarında eşbütünleşme ilişkisi bulunan ve bir şok nedeniyle dengeden uzaklaşan serilerin eski denge durumuna geri dönebilme yeteneğine sahip olup olmadığını ve eğer sahipse ne kadar sürede geri döneceğini tespit eden bir analizdir.

ALTINCI BÖLÜM

ARAŞTIRMA DİZAYNI

6.1. ARAŞTIRMANIN AMACI

Bu çalışmada G-8 ülkeleri ve Türkiye borsalarının birbirlerini etkileyip etkilemediğinin ortaya konması amaçlanmaktadır.

6.2. ARAŞTIRMANIN KISITLARI VE VERİ SETİ

Finans piyasalarının dinamik yapısı çalışmayı güncel tutmak anlamında bazı zorluklar oluşturmuştur. Eserin hazırlanması sırasında Türkiye'de ve Dünya'da finans piyasalarında meydana gelen değişimler yakından takip edilmeye çalışılmıştır. Ayrıca borsaların tümünün eşanlı olarak çalışmaması bir kısıt olarak karşımıza çıkmaktadır. Bunun etkisini minimuma indirmek ve Cuma Pazartesi etkisinden kaçınmak için endekslerin Çarşamba kapanış verileri kullanılmıştır. Çarşamba gününün verisinin olmadığı durumlarda sırasıyla Perşembe, Cuma ve Salı günlerinin verileri kullanılmıştır.

Haftanın günlerinin borsalar üzerine etkisiyle ilgili literatürde pek çok çalışmaya rastlanmıştır. Karan ve Uygur yapmış oldukları çalışmada, İMKB'de Cuma günü getirilerinin diğer günlerdeki getirilerden daha yüksek olduğunu ortaya koymuşlardır.[139] Ayrıca Akar araştırmasında hisse senedi getirilerinin Cuma günü

[139] M. Baha Karan – Akyay Uygur, "İstanbul Menkul Kıymetler Borsası'nda Haftanın Günleri ve Ocak Ayı Etkilerinin Firma Büyüklüğü Açısından Değerlendirilmesi", *Ankara Üniversitesi SBF Dergisi*, 2001, c. 56, S. 2, s.103-115.

yüksek, pazartesi günü düşük olduğunu ortaya koymuştur.[140] Cross[141] (1973), French[142] (1980), Gibbons ve Hess[143] (1981), Gao ve Kling[144] (2005) ve Bildik[145] (2004) hisse senedi borsaları üzerine Cuma ve Pazartesi etkisini konu alan çalışmalarıyla, Cuma günleri pozitif getiri, Pazartesi günleri ise negatif getiri elde edildiğini tespit etmişlerdir.

Literatür incelendiğinde birbirine uzak coğrafyalarda bulunan borsaların eşanlı çalışmamalarından dolayı, araştırmalarda haftalık verilerin kullanıldığı görülmektedir. Haftalık verilerle çalışmak, borsaların eşanlı çalışmamasının yarattığı problemi tamamen ortadan kaldırmasa da, en aza indirmektedir.[146]

Bu araştırmada kullanılan veriler Kasım 2003 ile Şubat 2012 tarihlerini kapsamaktadır. Çizelge 6-1'de sırasıyla, araştırmaya dâhil edilen borsaların isimleri, bu borsalardan seçilen endeksler ve verilerin elde edildiği internet kaynakları sunulmuştur.

---

[140] Cüneyt Akar, "Gelişmekte Olan Piyasalarda Volatilitenin Charma ile Modellenmesi: Türkiye Örneği", *Bandırma İİBF Yönetim ve Ekonomi Araştırmaları Dergisi*, 2008, S. 9, s. 53-62.

[141] Frank Cross, "The Behaviour of Stock Prices on Fridays and Mondays", *Financial Analysts Journal*, 1973, Nov./Dec., s. 67-69.

[142] Kenneth French, "Stock Returns and the Weekend Effect", *Journal of Financial Economics*, 1980, c. 8, s. 55-69.

[143] Michael Gibbons – Patrick Hess, "Day of the Week Effects and Asset Returns", *Journal of Business*, 1981, October, s. 579-596.

[144] Lei Gao - Gerhard Kling, "Calendar Effect in Chinese Stock Market", *Annals of Economics and Finance*, 2005, c. 6, s. 75-88.

[145] Recep Bildik, "Are Calendar Anomalies Still Alive? Evidence from Istanbul Stock Exchange", *SSRN Electronic Library ID-598904*, 2004.

[146] Çelik, *a.g.t.*, s.30.

Çizelge 6-1 Araştırmada Kullanılan Veriler ve Bu Verilerin Elde Edildiği Kaynaklar

Sıra No	Borsa Adı	Endeks	Kaynak
1	Tokyo Stock Exchange	NIKKEI 225	http://finance.yahoo.com/q/hp?s=%5EN225+Historical+Prices
2	The Moscow Interbank Currency Exchange	MICEX	http://www.micex.com/marketdata/indices/data/archive
3	Borsa İstanbul	IMKB 100	http://www.imkb.gov.tr/Data/StocksData.aspx
4	Borsa Italiana	FTSE MIB	http://finance.yahoo.com/q/hp?s=%5EFTSE+Historical+Prices
5	Frankfurt Stock Exchange	DAX	http://finance.yahoo.com/q/hp?s=%5EGDAXI+Historical+Prices
6	Euronext Paris	CAC 40	http://finance.yahoo.com/q/hp?s=%5EFCHI+Historical+Prices
7	London Stock Exchange	FTSE 100	http://finance.yahoo.com/q/hp?s=%5EFTSE+Historical+Prices
8	New York Stock Exchange	S&P 500	http://finance.yahoo.com/q/hp?s=%5EFTSE+Historical+Prices
9	Toronto Stock Exchange	S&P/TSX Composite	http://finance.yahoo.com/q/hp?s=%5EGSPTSE+Historical+Prices

Kasa, 1992 yılında yaptığı çalışmada kullandığı endeks verilerini ortak para birimine dönüştürmekten kaçınmıştır. Bu verilerin yerel para birimi cinsinden kullanılması gerektiğini belirtmiştir.[147] Alexander ve Thillainathan, Asya – Pasifik hisse senedi borsaları üzerinde yaptıkları çalışmalarında, yerel para birimi kullandıklarında eşbütünleşme tespit ederken, ortak bir para cinsinden endeks verileri kullanıldığında eşbütünleşmeye rastlayamamışlardır.[148] Alexander 2001 tarihli çalışmasında, borsalar arasında eşbütünleşme ilişkisini konu alan çalışmalarda

---

[147] Kenneth Kasa, "Common stochastic trends in international stock markets", *Journal of Monetary Economics,* 1992, c. 29, S. 1, s. 95-124.

[148] Carol Alexander- R. Thillainathan, "The Asian Connection", *Emerging Market Investor,* 1995, c. 2, S. 6, s. 42-47.

endekslerin yerel para birimi cinsinden kullanılmasını önermektedir.[149] Tan 2012 yılında Filipin Hisse Senetleri Borsası'nın dünya borsaları ile ilişkisini araştırdığı çalışmasında yerel para birimi cinsinden verileri kullanmıştır.[150] Yine Click ve Plummer[151] 2005 yılında, Chung ve Liu[152] 1994 yılında yaptıkları çalışmalarında yerel para cinsinden veriler kullanmışlardır.

Bu çalışmada kullanılan veriler yerel para birimi cinsindendir. Herhangi bir ortak para cinsinden değildir. Verilerin ortak para birimi cinsinden kullanımının çeşitli sakıncaları bulunmaktadır. Örneğin ülkelerin uyguladıkları ulusal para politikaları döviz fiyatlarını etkileyebilir. Endeksin yabancı para birimi cinsinden hesaplanması sırasında kullanılacak olan döviz kuru para politikaları sonucu değişikliğe uğramış olabilir ve bu da borsa endeksine yansıyacaktır. Bu istenmeyen bir durumdur.

Bahng ve Shin[153], yapmış oldukları çalışmada eşbütünleşme ilişkisini araştırırken borsa endekslerinin getirilerini kullanmak yerine endeks serilerinin doğal logaritmalarını kullanmışlardır. Ayrıca Alexander[154] çalışmasında eşbütünleşme analizlerinde getirilerin değil varlık fiyatlarının yani ham verilerin veya doğal

---

[149] Carol Alexander, *Market Models: A Guide to Financial Data Analysis,* Wiley, 2001, s. 347-388.

[150] Tiffany Adelaine G. Tan, "Stock Market Integration: Case of the Philippines", *Philippine Management Review,* 2012, S. 19, s. 80.

[151] Reid Click – Michael Plummer, "Stock market integration in ASEAN after the Asian financial crisis", *Journal of Asian Economics*, 2005, c. 16, S. 1, s. 5-28.

[152] PJ Chung – DJ Liu, "Common stochastic trends in Pacific Rim stock markets", *Quarterly Review of Economics and Finance*, 1994, S. 34, s. 241-259.

[153] Seungwook Bahng - Seung-Myo Shin, "Interactions of stock markets within the greater China economic bloc", *Global Economic Review,* 2004, c. 33, S. 3, s. 52.

[154] Carol Alexander, *Correlation and Cointegration in Energy Markets*, ISMA Centre Risk Publications, 1999, s. 2-27.

logaritmalarının kullanıldığını belirtmiştir. Alexander ve diğerleri[155] eşbütünleşme analizlerinin getiriler arasındaki eşhareketi referans almadığını, fiyatlar arasındaki eşhareketi esas aldığını belirtmişlerdir.

Aktar[156] (2009) ve Sen[157] (2011) uluslararası borsalar arasındaki ilişkileri konu alan araştırmalarında yapmış oldukları analizlerde zaman serilerinin doğal logaritmalarını almışlardır.

Çelik, yapmış olduğu çalışmada ilk etapta endeks değerlerinin logaritmalarını almıştır. Çelik'e göre, logaritmik endeksler özellikle uzun dönemde ve yüksek oranda sıçramalar yaşandığında, geçmişteki seviyelerin bugünle daha iyi kıyaslanmasına olanak vermektedir. Ayrıca seri farklarında, orijinal serinin mutlak değerine bağlı olarak değişen farklar daha istikrarlı hale gelecektir. Örneğin endeksin 1000 seviyesindeki 50 puanlık değişimle, 2000 seviyesindeki 100 puanlık değişim logaritmaları alındığı takdirde aynı olacaktır. Bu da serilerin farkları ile ilgili olarak daha iyi yorum yapılmasını sağlayabilecektir.[158]

Bu çalışmada borsa endekslerinin fiyat verilerine ait serilerin doğal logaritmaları kullanılmıştır Analizlerin gerçekleştirilmesinde Eviews 5.0 programından yararlanılmıştır.

---

[155] Carol Alexander – Ian Giblin – Wayne Weddington, "Cointegration and Asset Allocation: A New Active Hedge Fund Strategy", *Financial Risk and Financial Risk Management*, 2002, c. 16, s. 65-89.

[156] Aktar, *a.g.m.*, s. 194.

[157] Som Sankar Sen, "Relationship Between Sensex and Some Selected Stock Price Indices of the Asia-Pacific Region", *The IUP Journal of Applied Finance,* 2011, c. 17, S. 1, s. 47.

[158] Çelik, *a.g.t.*, s. 31.

6.3. ARAŞTIRMANIN METODOLOJİSİ

Uluslararası yatırımcılar gelişmiş ve gelişmekte olan ülke borsalarını birbirinin alternatifi olarak görmektedirler. Borsaları etkileyen uluslararası olaylara benzer tepkileri veren borsalar birbirinin alternatifi olmaktan uzaklaşmaktadırlar. Bu durum yatırımcıların riski azaltmak üzere portföylerine ekledikleri enstrümanların seçiminde önemli rol oynayacaktır. Birbiriyle benzer davranışlar gösteren borsalar birbirinin alternatifi olamayacaktır. Ayrıca eşhareketlilik gösteren borsalardan bir tanesinde meydana gelen değişim, diğerinde de beklenebilir. İşlem saatleri farklılık gösteren bu borsalar birbirleri için endeksin yönünü tahmin etmede ipucu sağlayacaktır.[159]

Bir zaman serisinde durağanlığın bulunmaması bazı ekonometrik sorunların ortaya çıkmasına neden olmaktadır.[160] Bu sorunlardan en önemlisi makro iktisat teorisinin "belirli ekonomik değişkenler arasında istikrarlı bir uzun dönem ilişkisinin var olması" şeklindeki tespitleridir. Yani, teori genellikle bazı değişkenler kümesinin birbirinden çok fazla uzaklaşamayacağını öne sürmektedir. Oysa zaman serileri bireysel olarak birinci dereceden bütünleşik olsalar bile, bu zaman serileri eşbütünleşik olabilirler. Bu anlamda eşbütünleşme, zaman serileri bireysel olarak durağan olmasalar bile, bu değişkenlere ilişkin bir veya daha fazla sayıdaki kombinasyonların durağan olabileceği anlamına gelmektedir. Söz konusu değişkenler eşbütünleşik ise, bunların birbirinden çok fazla uzaklaşmayacakları ifade edilebilir. Aksine bu değişkenler arasında eşbütünleşik bir ilişki söz konusu değilse, bu

---

[159] Turan Kocabıyık – Ezel Derer – M. Akif Altunay, "Uluslararası Borsalarda Eşhareketlilik: ABD, İngiltere, Türkiye, Japonya, Hong Kong ve Almanya Borsaları Üzerine Ampirik Bir Çalışma", *9. Ulusal İşletmecilik Kongresi,* 2010, s. 165.

[160] Bu durum ekonomik değişkenlerin düzeyleri arasında yanlış bir ilişki tespit edilmesi olasılığını arttırmaktadır. Öte yandan bu değişkenlerin birinin bağımlı, diğerlerinin bağımsız değişken olarak kullanılması ile elde edilen parametre tahminleri, söz konusu değişkenler arasında eşbütünleşme ilişkisi bulunmadığı sürece, bir anlam ifade etmeyecektir.

değişkenlerin uzun dönemde birbirlerine bağlı olmadıkları ve ilke olarak birbirlerinden uzaklaşabilecekleri ifade edilebilir.[161]

Eşbütünleşim durağan olmayan zaman serileri arasındaki ilişkiyi incelemek için geliştirilmiş bir tekniktir. Durağan olmayan seriler arasındaki regresyon denklemleri yanıltıcı bir ilişkiye işaret edebilmektedir. Bir başka ifade ile, gerçek olmamasına rağmen değişkenler arasında hatalı bir şekilde olmayan bir ilişkinin tespit edilme riski vardır. Ancak bu durum, durağan olmayan seriler arasında hiçbir şekilde ilişki tespit edilemeyeceği anlamına gelmemektedir. Aksine durağan olmayan seriler arasında uzun dönemli ortak hareket tespit edilebilir. Böylece değişkenlerin ulaşmaya çalıştıkları bir genel denge ilişkisinden söz etmek mümkündür. Eğer iki veya daha fazla zaman serisi, kendileri durağan olmadıkları halde, bunların doğrusal durağan bir bileşimi var ise bu serilerin eşbütünleşik oldukları sonucuna ulaşılmaktadır. Eşbütünleşme iki durağan olmayan serinin doğrusal bir ilişki çerçevesindeki uzun dönemli hareketinin modellenebilmesini sağlar.[162] Eşbütünleşme testleri ekonomik değişkenler arasında istikrarlı doğrusal ilişkilerin araştırılması ile ilgilenmektedir. Bu nedenle eşbütünleşme ilişkisinin reddedilmesi, bu değişkenler arasında istikrarlı bir uzun dönem ilişkisinin bulunmadığı anlamına gelmemekte; sadece bunlar arasında istikrarlı bir doğrusal uzun dönem ilişkisinin bulunmadığını ifade etmektedir.[163]

Seriler arasındaki eşbütünleşme ilişkisini belirlemede yaygın olarak Engle ve Granger, ile Johansen ve Juselius tarafından önerilen yöntemler kullanılmaktadır. Engle ve Granger eşbütünleşme yöntemi, durağan olmayan iki seriden birinin diğerinin üzerine regres edilmesi suretiyle elde edilen hata terimlerinin durağanlığına

---

[161] Emel Şıklar, *Eşbütünleşme Analizi ve Türkiye'de Para Talebi,* Anadolu Üniversitesi Yayınları, Eskişehir, 2000, s. 2.

[162] Çelik, *a.g.t.*, s. 60.

[163] Şıklar, *a.g.e.*, s. 2.

bakmaktadır. Eğer hata terimleri serisi durağan ise, seriler arasında eşbütünleşme ilişkisinin var olduğu ifade edilmektedir. Bu yöntem, ikiden fazla değişken içeren modeller için tercih edilmemektedir. Çünkü değişken sayısı üç veya daha fazla olduğu zaman birden fazla eşbütünleşme ilişkisi olabilir ve Engle ve Granger yöntemi ile bunları ayrıştırmak mümkün değildir. Ayrıca, kullanılan iki aşamalı yöntem hata yapma riskini de arttırmaktadır. Engel ve Granger (1987) tarafından geliştirilen eşbütünleşim testine karşılık daha sonra Johansen (1988), Stok ve Watson (1988), maksimum olabilirlik tahmin yöntemini kullanarak eşbütünsel vektörlerin varlığını test etmişlerdir. Böylelikle, Engle ve Granger (1987) yönetimin yukarıda belirtilen eksikleri giderilmiştir.[164]

Johansen eşbütünleşme testinden sonra Vektör Hata Düzeltme Modeli (VECM) uygulanır. Bu modelin mantığı uzun dönem ve kısa dönem dinamiklerini bir araya getirmektir. Vektör hata düzeltme modelinin uygulanabilmesi için serilerin eşbütünleşik olması zorunludur. Bu analiz; aralarında eşbütünleşme ilişkisi bulunan ve bir şok nedeniyle dengeden uzaklaşan serilerin eski denge durumuna geri dönebilme yeteneğine sahip olup olmadığını ve eğer sahipse ne kadar sürede geri döneceğini tespit eden bir analizdir.

Bu çalışmada araştırmaya konu olan borsa endekslerinin birbirlerini etkileme gücü olup olmadığının tespit edilebilmesi için öncelikle zaman serilerinden yola çıkılarak yapılan analizlerde yapısal sorunlar yaşanmasını engellemek için birim kök testleri kullanılmıştır. Birim kök testleri yapıldıktan tüm serilerin aynı seviyede durağanlaştıkları tespit edilerek Johansen Eşbütünleşme testine geçilmiştir. Johansen Eşbütünleşme testinde kullanılacak olan gecikme sayıları VAR yöntemiyle belirlenmiştir. Johansen eşbütünleşme testi sonuçları incelenmiş ve ardından Vektör Hata Düzeltme Modeline (VECM) geçilmiştir.

---

[164] Çelik, *a.g.t.*, s. 62.

6.4. ARAŞTIRMANIN HİPOTEZİ

Bu araştırmanın amacı uluslararası borsaların birbirini etkileme gücü olup olmadığının ortaya konmasıdır. Araştırmanın konusu G-8 ülkeleri ve Türkiye'nin borsa endekslerinin birbirini etkileyip etkilemediği, aralarında bir ilişki olup olmadığı ve etkileşim varsa hangi yönde gerçekleştiğinin yapılacak analizlerle tespit edilmeye çalışılacaktır. Bu noktadan hareketle, temel araştırma hipotezleri;

H_0: "Araştırmaya konu olan uluslararası borsalar arasında bir ilişki yoktur."

H_a: "Araştırmaya konu olan uluslararası borsalar arasında bir ilişki vardır."

Ayrıca Birim Kök Testleri, Johansen Eşbütünleşme Testi ve Vektör Hata Düzeltme Modeli uygulanırken birçok alt hipotez de sınanacaktır.

6.5. VERİLERİN ANALİZİ VE ARAŞTIRMA SONUÇLARI

Analizlere başlarken araştırmaya konu edilen ülke borsalarının logaritmik haftalık fiyat hareketleri Şekil 6-1'de sunulmuştur. Burada borsa endekslerinin benzer bir trend izledikleri göze çarpmaktadır. 2007 yılında başlayan ve 2009 yılına kadar etkilerini belirgin biçimde gösteren Amerika Krizi tüm grafiklerde kırılmaya neden olmuştur. Bu durum Şekil 6-1'de açıkça görülmektedir.

Verilerin analizi aşamasında ilk olarak Kasım 2003 ile Şubat 2012 arası endekslerin haftalık verilerinin birim kök testleri gerçekleştirilmiştir. Çünkü eşbütünleşme testinde serilerin düzey değerlerinin durağan olmaması ve serilerin aynı seviyede durağan hale gelmeleri gerekmektedir. Phillips-Perron ve ADF test istatistiklerinin Sabitli ve Sabitli & Trendli testleri yapılmış, tüm serilerin düzey değerlerinin durağan olmadıkları görülmüştür. Daha sonra serilerin birinci farkları alınarak aynı testler gerçekleştirilmiş ve tüm serilerin birinci farklarının durağan hale geldiği tespit edilmiştir. Ardından Johansen eşbütünleşme testi için gecikme sayısı belirlenmiş ve Var gecikme sayısı serilerin düzey değerleri için 3 bulunmuştur. Seriler arasında eşbütünleşme ilişkisi olup olmadığının tespit edilmesi için Johansen Eşbütünleşme testi gerçekleştirilmiş ve bir eşbütünleşik vektöre rastlanmıştır. Eşbütünleşim vektörü aşağıdaki gibidir:

IMKB100(-1) = 14,612 - 2,933*DAX(-1) + 8,991*CAC40(-1) - 7,998*FTSE100(-1) - 4,167*MIB(-1) - 0,334235*MICEX(-1) + 0,232*NIKKEI225(-1) + 2,745*SP500(-1) + 1,840*TSX(-1) + ε_t

Buradan Vektör Hata Düzeltme Modeline geçilerek eşbütünleşme testinde ortaya konan hata terimi iki gecikme ile modele ilave edilmiştir. Bu modelin sonuç tablosunda borsaların birbirleriyle olan kısa ve uzun dönem ilişkileri ortaya konmuştur ve bu modellerde yer alan katsayıların istatistikî olarak anlamlı olup olmadıkları test edilmiştir. Her bir endeksin bağımlı değişken ve diğer endekslerin bağımsız değişkenler olarak yer aldığı modellerin sonuçlarına güvenilebilmesi için tanısal sınama testlerinin (Residual Diagnostics) yapılması ve varsayımların sağlanması gerekmektedir. Tanısal sınama testleriyle modellerin artıklarının, normal dağılım (normality) gösterip göstermediğine, otokorelasyona (autocorrelation) sahip olup olmadığına ve değişen varyans (heteroskedasticity) problemi olup olmadığına bakılır. Normal dağılım göstermeyen, otokorelasyona sahip ve değişen varyans problemi taşıyan modellerin sonuçlarına tam olarak güvenilemez.[165] Çizelge 6-2'de tanısal sınama testlerinin sonuçları sunulmuştur.

---

[165] *Eviews 5 User's Guide*, Quantitative Micro Software, USA, 2004, s.331.

Çizelge 6-2 Tanısal Sınama Test Sonuçları

	Normal Dağılım		Breusch-Godfrey Otokorelasyon LM Testi		Değişen Varyans (Heteroskedasticity)	
	Jarque-Bera	Prob.	Obs*R-squared	Prob.	Obs*R-squared	Prob.
IMKB100	103,77	0,000	11,46	0,003	49,21	0,006
DAX	493,73	0,000	27,41	0,000	70,52	0,000
MIB	153,46	0,000	23,84	0,000	88,95	0,000
FTSE100	217,01	0,000	29,83	0,000	79,71	0,000
CAC40	291,41	0,000	21,59	0,000	74,83	0,000
MICEX	1697,55	0,000	47,73	0,000	82,12	0,000
NIKKEI225	445,18	0,000	28,02	0,000	71,4	0,000
SP500	597,85	0,000	33,53	0,000	97,26	0,000
TSX	264,13	0,000	26,07	0,000	98,28	0,000

Bu sonuçlara göre veriler ilgili varsayımları karşılamamaktadır. Çünkü modelin artıklarının tümü normal dağılmamıştır, otokorelasyona sahiptir ve değişen varyans bulunmaktadır. Bu problemleri ortadan kaldırmak için veri setinde kırılma olup olmadığı Şekil 6-1 ile ve artıkların sapmalarını gösteren Eviews tabloları ile incelenmiş ve krizin bu problemin oluşmasında etkisi olabileceği düşünülerek veri setine DK ismiyle yapay değişken eklenmiş ve krizin değişkenler üzerine istatistikî olarak anlamlı bir etkisi olup olmadığı araştırılmıştır.

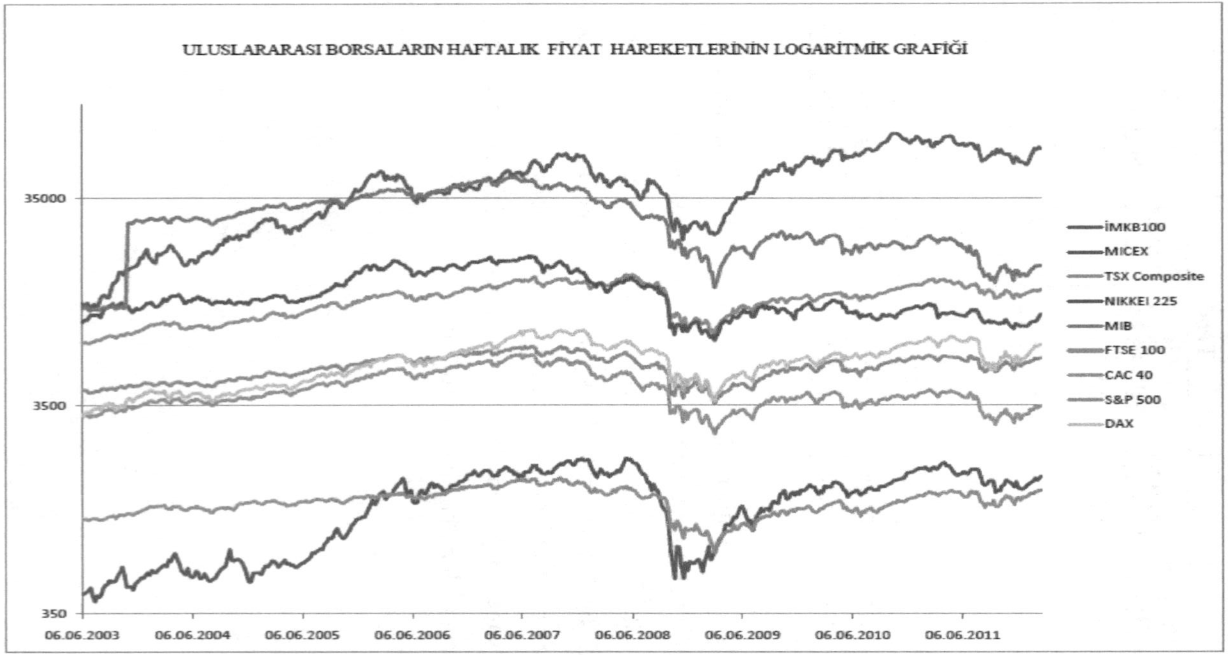

Şekil 6-1 Uluslararası Borsaların Haftalık Fiyat Hareketlerinin Logaritmik Grafiği

Yapay değişken eklenirken veri setinde kırılmanın meydana geldiğini tespit ettiğimiz zaman aralığına (Aralık 2007 – Temmuz 2009) 1/52 değeri girilmiş geriye kalan bölümde krizin etkisinin olmadığı düşünülerek 0 değeri atanmıştır.[166]

6.5.1. Yapay Değişken Eklenmiş Veri Setinin Analizi

6.5.1.1.Birim Kök Testleri

Zaman serileri arasında eşbütünleşme ilişkisini ortaya koyabilmek için öncelikle serilerin hangi seviyede durağan olduklarının incelenmesi gerekmektedir. Seriler eğer aynı seviyede durağan hale geliyorsa o durumda eşbütünleşme analizine dahil edilebilir. Bu noktadan hareketle öncelikle borsa endekslerinin zaman serilerine birim kök testleri uygulanmıştır. Augmented (Genişletilmiş) Dickey-Fuller ve Phillips-Perron birim kök testleri yardımıyla her serinin düzey değerleri (Level) incelenmiş ve serilerin birim kök içerip içermedikleri araştırılmıştır.

Birim kök testleri uygulanırken aşağıdaki hipotezler sınanmıştır. Serilerin düzeylerinde durağan olup olmadıkları her iki analiz tekniğiyle gözden geçirilmiştir ve sonuçlar çizelgeler yardımıyla sunulmuştur.

H_0: Seri Birim Köke Sahiptir. (Seri Durağan Değildir)
H_a: Seri Birim Köke Sahip Değildir. (Seri Durağandır)

---

166 *Eviews 5 User's Guide*, Quantitative Micro Software, USA, 2004, s. 726.

Çizelge 6-3 Yapay Değişken Eklenmiş Serilerin Düzey Değerleri Birim Kök Testi Sonuçları

	Sabitli				Sabitli & Trendli			
	ADF Test İstatistiği	Olasılık	Phillips-Perron Test İstatistiği	Olasılık	ADF Test İstatistiği	Olasılık	Phillips-Perron Test İstatistiği	Olasılık
NIKKEI225	-1,279	0,640	-1,264	0,647	-1,877	0,665	-1,831	0,688
IMKB100	-1,716	0,422	-1,719	0,421	-2,030	0,583	-2,067	0,562
DAX	-1,952	0,308	-1,915	0,325	-1,988	0,606	-1,942	0,631
CAC40	-1,562	0,501	-1,499	0,533	-2,004	0,597	-1,940	0,632
MICEX	-1,621	0,471	-1,859	0,352	-1,995	0,602	-1,694	0,752
MIB	-0,516	0,885	-0,559	0,876	-1,933	0,635	-1,954	0,624
FTSE100	-2,128	0,234	-2,052	0,265	-2,098	0,545	-2,017	0,590
SP500	-1,786	0,387	-1,832	0,365	-1,791	0,708	-1,837	0,685
TSX	-2,108	0,242	-2,149	0,226	-1,969	0,616	-2,051	0,571
DK	-1,175	0,393	-1,787	0,387	-1,717	0,742	-1,730	0,736

Çizelge 6-4 Serilerin Düzey Değerleri ve Birinci Fark Değerleri İçin Kritik Değerler

	ADF ve Phillips-Perron Testleri	
	Sabitli	**Sabitli & Trendli**
% 1	-3,45	-3,98
% 5	-2,87	-3,42
% 10	-2,57	-3,13

Endeks serilerinin düzey değerleri için yapılan Augmented Dickey-Fuller ve Phillips-Perron birim kök testlerinin sonuçları Çizelge 6-3'te sunulmuştur. Augmented Dickey-Fuller birim kök testi için hem Sabitli hem de Sabitli & Trendli birim kök test istatistiği değerlerinin mutlak değeri Çizelge 6-4'te verilen tüm kritik değerlerin mutlak değerinden küçüktür. Phillips-Perron birim kök test sonuçları da Augmented Dickey Fuller birim kök test sonuçlarıyla örtüşür durumdadır. Bu sebeple serilerin birim köke sahip olduğu yönünde kurulan H_0 hipotezi reddedilemez. Borsa endeks serileri düzeylerinde durağan değildir.

Bu sonuçlar doğrultusunda tüm serilerin hangi düzeyde durağan olduklarını araştırmak için önce serilerin birinci farkları (1st Difference) alınarak birim kök testleri tekrar uygulanmış ve Çizelge 6-5'te verilen sonuçlara ulaşılmıştır. Farkı alınan serilerin her biri için hipotezler oluşturulmuş ve bu hipotezler sınanmıştır.

Çizelge 6-5 Yapay Değişken Eklenmiş Birinci Fark Serileri Birim Kök Testi Sonuçları

	Sabitli				**Sabitli & Trendli**			
	ADF Test İstatistiği	Olasılık	Phillips-Perron Test İstatistiği	Olasılık	ADF Test İstatistiği	Olasılık	Phillips-Perron Test İstatistiği	Olasılık
NIKKEI225	-21,590	0,000*	-21,583	0,000*	-21,609	0,000*	-21,629	0,000*
IMKB100	-21,795	0,000*	-21,756	0,000*	-21,788	0,000*	-21,750	0,000*
DAX	-22,318	0,000*	-22,301	0,000*	-22,309	0,000*	-22,296	0,000*
CAC40	-22,748	0,000*	-22,719	0,000*	-22,786	0,000*	-22,785	0,000*
MICEX	-6,037	0,000*	-22,003	0,000*	-6,009	0,000*	-22,037	0,000*
MIB	-22,255	0,000*	-22,205	0,000*	-22,327	0,000*	-22,270	0,000*
FTSE100	-21,809	0,000*	-21,862	0,000*	-21,789	0,000*	-21,842	0,000*
SP500	-21,559	0,000*	-21,546	0,000*	-21,534	0,000*	-21,522	0,000*
TSX	-21,097	0,000*	-21,114	0,000*	-21,110	0,000*	-21,122	0,000*
DK	-20,736	0,000*	-20,736	0,000*	-20,724	0,000*	-20,724	0,000*
Not: * % 1 seviyesinde anlamlıdır.								

Çizelge 6-6 Serilerin Düzey Değerleri ve Birinci Fark Değerleri İçin Kritik Değerler

	ADF ve Phillips-Perron Testleri	
	Sabitli	**Sabitli & Trendli**
% 1	-3,45	-3,98
% 5	-2,87	-3,42
% 10	-2,57	-3,13

Serilerin farkı alınmış değerleri üzerinden yapılan birim kök testlerinde Augmented Dickey-Fuller ve Phillips-Perron test istatistiklerinin mutlak değerleri kritik değerlerin mutlak değerlerinden büyük, ayrıca olasılık (p) değerleri de 0,0000'dır. Fark serilerinin birim köke sahip olduğu şeklinde kurulan H_0 hipotezi reddedilmiştir. Bu sebeple serilerin 1. Farkı durağandır.

6.5.1.2. VAR Gecikme Sayısı Belirleme Kriter Tablosu

Johansen eşbütünleşme testi uygulanırken gecikme sayısı analize doğru girilmesi önemlidir. Analiz gecikme uzunluğuna duyarlıdır. Gecikme uzunluğunun yanlış girilmesi analizin yanlış sonuçlar vermesine neden olabilir. Johansen eşbütünleşme testinde kullanılacak gecikme sayısı Eviews 5.0 yazılımında yer alan bilgi kriterleri kullanılarak karar verilmiştir. Var Gecikme Sayısı belirlenirken serilerin düzey değerleri kullanılmıştır. Sonuç tablosu Çizelge 6-7'de verilmiştir.

Çizelgeye göre Akaike Bilgi Kriterinin % 5 seviyesinde reddedilemediği gecikme sayısı 3'tür. Akaike Bilgi Kriterinin en küçük olduğu nokta bizim için gecikme sayısının belirlendiği noktadır. Çizelgede Akaike Bilgi Kriteri -56,98724 ile en küçük değerine ulaşmıştır. Bu sebeple 3 gecikme uzunluğu seçilmiştir. Var gecikme sayısı belirlenirken analiz düzey değerlerle yapılırsa, Johansen Eşbütünleşme testi yapılırken gecikme sayısı bir eksik değerle girilir. Eğer VAR

Gecikme Sayısı belirlenirken durağan veriler kullanılırsa tablonun işaret ettiği gecikme değiştirilmeden modele dahil edilir.[167]

Çizelge 6-7 VAR Gecikme Sayısı Belirleme Kriter Tablosu

VAR Lag Order Selection Criteria
Endogenous variables: CAC40 DAX DK FTSE100 IMKB100 MIB MICEX NIKKEI225 SP500 TSX
Exogenous variables: C
Date: 05/11/13 Time: 22:35
Sample: 11/05/2003 2/22/2012
Included observations: 360

Lag	LogL	LR	FPE	AIC	SC	HQ
0	5495,352	NA	2,76E-26	-30,47418	-30,36623	-30,43126
1	10342,39	9397,873	9,71E-38	-56,84663	-55,65921*	-56,37449*
2	10454,60	211,3222	9,08E-38	-56,91444	-54,64755	-56,01308
3	**10567,7**	**206,7302**	**8,47E-38***	**-56,98724***	**-53,64088**	**-55,65667**
4	10652,43	150,1540	9,27E-38	-56,90239	-52,47655	-55,14259

6.5.1.3.Johansen Eşbütünleşme Testi Sonuçları

Serilerin aynı seviyede durağanlaştıkları tespit edildikten ve Var gecikme sayısı belirlendikten sonra eşbütünleşme testine geçilebilmektedir. Eşbütünleşme testinin modelinde bir bağımlı değişken ve bağımsız değişkenler yer almaktadır. Bu çalışmada IMKB100 endeksi analize bağımlı değişken olarak diğer borsa endeksleri de bağımsız değişken olarak ele alınmıştır. Johansen eşbütünleşme testinde düzey verileri kullanılmaktadır. Bu model, modele dahil edilen değişkenler arasında eşbütünleşik bir(çok) vektör olup olmadığını ortaya koymaktadır. Eşbütünleşme testinde, Akaike Bilgi Kriterinin işaret ettiği gibi VAR denklemine değişkenlerin iki (2) gecikme değerleri de dahil edilmiştir.

---

[167] *Eviews 5 User's Guide*, Quantitative Micro Software, USA, 2004, s. 727.

Eviews 5.0 yazılımında Johansen testi beş değişik modele göre yapılabilmektedir. Birinci modelde veri setinde trend ve eşbütünleşim denkleminde sabit ve trend yoktur. İkinci modelde, veri setinde yine trend yoktur. Eşbütünleşim denkleminde ise parametre var fakat trend yoktur. Üçüncü modelde, veride doğrusal bir trendin yer aldığı varsayılırken eşbütünleşim denkleminde ise sabit parametre yer alır ama trend yoktur. Dördüncü modelde, veri setinin doğrusal trend izlediği varsayılır ve eşbütünleşim denkleminde ise hem sabit bir parametre hem de trend bulunmaktadır. Beşinci modelde ise dördüncü modelden farklı olarak veri setinin parabolik bir trend izlediği varsayılır.[168]

Çizelge 6-8'de Johansen eşbütünleşme testi sonuçları sunulmuştur. Test gerçekleştirilirken verilerin doğrusal trend izlediği, eşbütünleşim denkleminde sabitin var ama trendin olmadığı model seçilmiştir.

Çizelge 6-8 Johansen Eşbütünleşme Testi Sonuçları

Sample (adjusted): 12/24/2003 2/22/2012
Included observations: 398 after adjustments
Trend assumption: Linear deterministic trend
Series: IMKB100 CAC40 DAX DK FTSE100 MIB MICEX NIKKEI225 SP500 TSX
Lags interval (in first differences): 1 to 2

Unrestricted Cointegration Rank Test (Trace)				
Hypothesized		**Trace**	**0.05**	
No. of CE(s)	**Eigenvalue**	**Statistic**	**Critical Value**	**Prob.****
None *	0,177037	279,3920	239,2354	0,0002
At most 1 *	0,137587	201,8440	197,3709	0,0294
At most 2	0,090623	142,9316	159,5297	0,2772
At most 3	0,077240	105,1234	125,6154	0,4398
At most 4	0,059847	73,12979	95,75366	0,6125

Trace test indicates 2 cointegrating eqn(s) at the 0.05 level

168 Çelik, *a.g.t.*, s. 68.

* denotes rejection of the hypothesis at the 0.05 level
**MacKinnon-Haug-Michelis (1999) p-values

Unrestricted Cointegration Rank Test (Maximum Eigenvalue)				
Hypothesized		**Max-Eigen**	**0.05**	
No. of CE(s)	**Eigenvalue**	**Statistic**	**Critical Value**	**Prob.****
None *	0,177037	77,54805	64,50472	0,0018
At most 1 *	0,137587	58,91233	58,43354	0,0448
At most 2	0,090623	37,80825	52,36261	0,6324
At most 3	0,077240	31,99359	46,23142	0,6578
At most 4	0,059847	24,56150	40,07757	0,7942

Max-eigenvalue test indicates 2 cointegrating eqn(s) at the 0.05 level
* denotes rejection of the hypothesis at the 0.05 level
**MacKinnon-Haug-Michelis (1999) p-values

Çizelge 6-8 iz ve özdeğer test istatistiklerini göstermektedir. Hipotezler bölümünde eşbütünleşik denklem sayıları ile sınama gerçekleştirilmektedir. Birinci hipotez; "Hiç Eşbütünleşik Vektör Yoktur", ikinci hipotez; "En çok 1 Eşbütünleşik Vektör Bulunmaktadır", üçüncü hipotez; "En çok 2 Eşbütünleşik Vektör Bulunmaktadır" şeklindedir. Çizelgede birinci ve ikinci hipotezler için İzdeğer ve Özdeğer İstatistikleri Kritik Değerden yüksek ve % 5 anlamlılıkta reddedilmiştir. Yani "hiç eşbütünleşik vektör yoktur" hipotezi reddedilmiştir. Üçüncü hipotez, ise % 5 anlamlılık seviyesinde reddedilememiştir. En çok 2 eşbütünleşik vektör bulunmaktadır. Bu sonuç hem izdeğer hem de özdeğer istatistikleri için geçerlidir. Her iki istatistik de 2 eşbütünleşik vektörü işaret etmektedir. Bunun sonucunda maksimum özdeğer ve izdeğer istatistiklerine göre araştırmaya konu olan borsalar arasında uzun dönemli iki ilişki bulunduğu sonucuna varılmıştır. Eşbütünleşim vektörleri denklem halinde yazılmak istenirse;

IMKB100(-1) = - 3,300 - 3,470*MIB(-1) - 14,995*FTSE100(-1) + 3,458*CAC40(-1) - 2,543*MICEX(-1) + 4,198*NIKKEI225(-1) + 2,182*SP500(-1) + 9,769*TSX(-1) - 26,546*DK(-1) + ε_t

DAX(-1) = - 5,590 + 0,046*MIB(-1) - 3,104*FTSE100(-1) - 1,514*CAC40(-1) - 0,817*MICEX(-1) + 1,417*NIKKEI225(-1) - 0,091*SP500(-1) + 3,093*TSX(-1) - 11,322*DK(-1) + ε_t

Eşbütünleşim vektör denklemlerinden ilkinde bağımlı değişken IMKB100 ile diğer bağımsız değişkenlerin ilişkisi ortaya konmuştur. Bağımsız değişkenlerin katsayılarının işaretleri negatif (-) ise IMKB100 ile ters yönlü hareket, pozitif ise (+) IMKB100 ile aynı yönlü hareket halinde olduklarını göstermektedir. İkinci denklemde ise DAX endeksinin bağımlı değişken diğer endekslerin bağımsız değişken olduğunu görüyoruz. Bu denklemler tüm değişkenler arasındaki uzun dönem ilişkiyi ortaya koyan denklemlerdir.

Johansen Eşbütünleşme Testi kapsamında elde edilen 2 eşbütünleşik denklemin değişkenlerinin Türkiye'ye ve Almanya'ya göre normalleştirilmiş eşbütünleşim katsayıları (normalized cointegrating coefficients), bu katsayıların standart sapma ve t istatistikleri Çizelge 6-9'da verilmiştir. Eşbütünleşim denklemi içindeki ilişkileri değerlendirirken her zaman için denklem sistemi içindeki dinamikler bir bütün olarak göz önünde bulundurulmalıdır.[169]

---

[169] Çelik, *a.g.t.*, s. 71.

Çizelge 6-9 Eşbütünleşim Vektör Tablosu

Vector Error Correction Estimates
Sample (adjusted): 12/24/2003 2/22/2012
Standard errors in ( ) & t-statistics in [ ]

Cointegrating Eq:	**CointEq1**	**CointEq2**
IMKB100(-1)	1,000000	0,000000
DAX(-1)	0,000000	1,000000
MIB(-1)	-3,470358	0,046877
	(1,46792)	(0,43583)
	[-2,36413]	[0,10756]
FTSE100(-1)	-14,99538	-3,104211
	(2,60036)	(0,77206)
	[-5,76666]	[-4,02068]
CAC40(-1)	3,458716	-1,514278
	(2,77640)	(0,82433)
	[1,24575]	[-1,83698]
MICEX(-1)	-2,543826	-0,817991
	(0,60287)	(0,17899)
	[-4,21955]	[-4,56992]
NIKKEI225(-1)	4,198528	1,417414
	(0,99487)	(0,29538)
	[4,22019]	[4,79859]
SP500(-1)	2,182077	-0,091473
	(1,19404)	(0,35452)
	[1,82748]	[-0,25802]
TSX(-1)	9,769027	3,093234
	(1,75168)	(0,52008)
	[5,57694]	[5,94756]
DK(-1)	-26,54696	-11,32274
	(10,6174)	(3,15237)
	[-2,50033]	[-3,59182]
C	-3,300718	-5,590607

Engle ve Granger (1987) değişkenler arasında eşbütünleşme olduğunun belirlenmesi halinde, kısa dönemli dengesizlikleri gideren bir vektör hata düzeltme modeli olduğunu göstermişlerdir. Böylelikle, değişkenler arasındaki uzun dönem dengesi ile kısa dönem dinamikleri arasında ayırım yapılabilmektedir. Bunu yapabilmek için değişkenlerin birinci farklarına eşbütünleşim denklemindeki hata teriminin gecikmeleri modele eklenmektedir. Eşbütünleşim denklemi uzun vadeli dengeyi, buradan bulunacak artıklar (hata düzeltme terimi) ise kısa vadeli dengesizlikleri göstermektedir. Bunun neticesinde, değişkenlerin farkı alınmasıyla kaybedilen uzun dönem bilgileri hata düzeltme terimi ile modele yeniden dahil edilmektedir.[170]

Hata düzeltme parametresi, model dinamiğini dengede tutmaya yarar ve değişkenleri uzun dönem denge değerine doğru yakınlaşmaya zorlar. Hata düzeltme parametresinin katsayısının istatistiksel açıdan anlamlı çıkması, sapmanın varlığını gösterir. Katsayının büyüklüğü ise uzun dönem denge değerine doğru yakınlaşma hızının bir göstergesidir. Uygulamada, hata düzeltme parametresinin negatif ve istatistiksel açıdan anlamlı olması beklenir. Bu durumda, değişkenlerin uzun dönem denge değerine doğru hareketinin olacağı ifade edilmektedir. Denge durumundan kısa dönemli sapmalar hata düzeltme parametresinin katsayısının büyüklüğüne bağlı olarak düzeltilir.[171]

Johansen eşbütünleşme testi sonucuna göre yapay kriz değişkeninin de (DK) dahil edildiği uluslararası borsa endekslerinin eşbütünleşik iki vektöre sahip olduğu belirlenmiş ve ardından Vektörel Hata Düzeltme Modeline geçilerek sonuçları Çizelge 6-10'da sunulmuştur. Eşbütünleşme testinde ortaya konan hata terimleri iki gecikme ile modele ilave edilmiştir. Hata Düzeltme (Error Correction) satırında bulunan değişkenler bağımlı değişkenler, bağımlı değişken sütununda yer alan diğer değişkenler ise bağımsız değişkenlerdir.

---

[170] Çelik, *a.g.t.*, s. 72.

[171] Çelik, *a.g.t.*, s. 72.

6.5.1.4. Vektör Hata Düzeltme Modeli

Çizelge 6-10 Vektör Hata Düzeltme Modeli Sonuç Tablosu

Error Correction:	D(IMKB100)	D(DAX)	D(MIB)	D(FTSE100)	D(CAC40)	D(MICEX)	D(NIKKEI225)	D(SP500)	D(TSX)	D(DK)
CointEq1	-0,012016	0,030430	0,048363	0,024651	0,013982	0,017476	0,026817	0,010684	0,006502	-0,000383
	(0,02032)	(0,01464)	(0,01563)	(0,01181)	(0,01391)	(0,02597)	(0,01438)	(0,01224)	(0,01180)	(0,00067)
	[-0,59138]	[2,07849]	[3,09326]	[2,08755]	[1,00544]	[0,67285]	[1,86512]	[0,87259]	[0,55086]	[-0,57025]
CointEq2	0,057652	-0,127645	-0,170545	-0,090913	-0,06269	-0,109085	-0,132078	-0,064156	-0,059551	3,10E-05
	(0,07099)	(0,05116)	(0,05463)	(0,04126)	(0,04859)	(0,09075)	(0,05024)	(0,04278)	(0,04124)	(0,00235)
	[0,81206]	[-2,49522]	[-3,12185]	[-2,20343]	[-1,29014]	[-1,20202]	[-2,62898]	[-1,49966]	[-1,44401]	[0,01321]
D(IMKB100(-1))	-0,190796	-0,080351	-0,068336	-0,109584	-0,0668	-0,055107	0,000694	-0,100534	-0,101572	0,002556
	(0,06750)	(0,04864)	(0,05194)	(0,03923)	(0,04620)	(0,08629)	(0,04777)	(0,04068)	(0,03921)	(0,00223)
	[-2,82646]	[-1,65194]	[-1,31559]	[-2,79332]	[-1,44583]	[-0,63863]	[0,01454]	[-2,47157]	[-2,59036]	[1,14410]
D(IMKB100(-2))	0,056633	0,121603	0,095509	0,064192	0,102869	0,094327	0,094104	0,074241	0,090207	0,001854
	(0,06651)	(0,04792)	(0,05118)	(0,03865)	(0,04552)	(0,08502)	(0,04707)	(0,04008)	(0,03863)	(0,00220)
	[0,85151]	[2,53741]	[1,86620]	[1,66072]	[2,25977]	[1,10949]	[1,99944]	[1,85243]	[2,33488]	[0,84213]
D(DAX(-1))	0,247813	0,172056	0,359625	0,125515	0,170610	0,118200	0,360199	0,162439	0,144963	-0,002169
	(0,20203)	(0,14558)	(0,15546)	(0,11741)	(0,13828)	(0,25826)	(0,14297)	(0,12174)	(0,11736)	(0,00669)
	[1,22660]	[1,18189]	[2,31327]	[1,06899]	[1,23381]	[0,45769]	[2,51943]	[1,33430]	[1,23522]	[-0,32446]
D(DAX(-2))	-0,33913	-0,068545	0,057664	-0,086019	0,001077	-0,353709	0,022672	0,084148	0,002675	-0,008037
	(0,20132)	(0,14506)	(0,15491)	(0,11700)	(0,13779)	(0,25734)	(0,14246)	(0,12131)	(0,11694)	(0,00666)
	[-1,68453]	[-0,47252]	[0,37223]	[-0,73520]	[0,00782]	[-1,37446]	[0,15914]	[0,69365]	[0,02287]	[-1,20630]
D(MIB(-1))	-0,073627	-0,177136	-0,073241	-0,089013	-0,1714	-0,509952	-0,196075	-0,17713	-0,240813	0,000687
	(0,17238)	(0,12421)	(0,13265)	(0,10018)	(0,11799)	(0,22035)	(0,12199)	(0,10387)	(0,10013)	(0,00570)
	[-0,42711]	[-1,42608]	[-0,55215]	[-0,88851]	[-1,45272]	[-2,31424]	[-1,60735]	[-1,70523]	[-2,40489]	[0,12045]
D(MIB(-2))	-0,051451	0,267429	0,134866	0,181203	0,215459	-0,020094	-0,140887	0,165115	0,173109	-0,000544
	(0,16968)	(0,12226)	(0,13056)	(0,09861)	(0,11613)	(0,21690)	(0,12007)	(0,10224)	(0,09856)	(0,00562)
	[-0,30323]	[2,18734]	[1,03295]	[1,83757]	[1,85527]	[-0,09264]	[-1,17336]	[1,61491]	[1,75633]	[-0,09684]

Çizelgenin Devamı... Vektör Hata Düzeltme Modeli Sonuç Tablosu

D(FTSE100(-1))	0,097044	-0,104909	-0,061963	-0,200435	-0,177888	-0,003569	-0,098513	-0,132315	-0,18795	0,001660
	(0,23543)	(0,16964)	(0,18116)	(0,13683)	(0,16114)	(0,30095)	(0,16660)	(0,14187)	(0,13676)	(0,00779)
	[0,41219]	[-0,61841]	[-0,34203]	[-1,46490]	[-1,10394]	[-0,01186]	[-0,59130]	[-0,93267]	[-1,37431]	[0,21304]
D(FTSE100(-2))	0,181597	0,018983	0,166639	0,086195	0,079321	0,354541	0,007478	-0,014981	-0,093859	-0,01673
	(0,23144)	(0,16677)	(0,17809)	(0,13450)	(0,15841)	(0,29585)	(0,16378)	(0,13946)	(0,13444)	(0,00766)
	[0,78464]	[0,11383]	[0,93570]	[0,64084]	[0,50074]	[1,19840]	[0,04566]	[-0,10742]	[-0,69815]	[-2,18435]
D(CAC40(-1))	-0,545125	-0,243583	-0,393827	-0,104576	-0,155403	0,148113	-0,254316	0,012154	0,061680	-0,004453
	(0,31240)	(0,22510)	(0,24038)	(0,18155)	(0,21382)	(0,39933)	(0,22107)	(0,18824)	(0,18147)	(0,01034)
	[-1,74498]	[-1,08211]	[-1,63832]	[-0,57601]	[-0,72680]	[0,37090]	[-1,15041]	[0,06457]	[0,33990]	[-0,43069]
D(CAC40(-2))	-0,066872	-0,29897	-0,305277	-0,234948	-0,325272	0,181342	0,078667	-0,2132	-0,187096	0,013263
	(0,31357)	(0,22594)	(0,24129)	(0,18223)	(0,21462)	(0,40083)	(0,22190)	(0,18895)	(0,18215)	(0,01038)
	[-0,21326]	[-1,32320]	[-1,26520]	[-1,28926]	[-1,51558]	[0,45242]	[0,35452]	[-1,12834]	[-1,02717]	[1,27816]
D(MICEX(-1))	-0,06356	-0,056738	-0,131306	-0,005278	-0,043612	-0,253912	-0,1138	-0,020245	-0,011418	-0,001275
	(0,05772)	(0,04159)	(0,04442)	(0,03355)	(0,03951)	(0,07379)	(0,04085)	(0,03478)	(0,03353)	(0,00191)
	[-1,10109]	[-1,36409]	[-2,95613]	[-0,15732]	[-1,10386]	[-3,44109]	[-2,78589]	[-0,58204]	[-0,34051]	[-0,66733]
D(MICEX(-2))	0,040622	-0,077047	-0,081748	-0,062853	-0,065862	-0,308796	-0,055878	-0,065908	-0,08244	0,000283
	(0,05854)	(0,04218)	(0,04505)	(0,03402)	(0,04007)	(0,07483)	(0,04143)	(0,03528)	(0,03401)	(0,00194)
	[0,69390]	[-1,82650]	[-1,81472]	[-1,84740]	[-1,64374]	[-4,12648]	[-1,34883]	[-1,86836]	[-2,42429]	[0,14591]
D(NIKKEI225(-1))	0,031727	-0,094344	-0,086867	-0,060992	-0,099137	-0,050928	-0,172614	-0,061979	0,004410	0,001237
	(0,10203)	(0,07352)	(0,07851)	(0,05930)	(0,06983)	(0,13042)	(0,07220)	(0,06148)	(0,05927)	(0,00338)
	[0,31096]	[-1,28325]	[-1,10642]	[-1,02860]	[-1,41961]	[-0,39048]	[-2,39070]	[-1,00808]	[0,07441]	[0,36623]
D(NIKKEI225(-2))	0,010809	-0,046715	-0,049787	-0,058419	-0,061207	-9,99E-05	-0,10111	-0,022372	0,053860	0,004860
	(0,09916)	(0,07145)	(0,07630)	(0,05763)	(0,06787)	(0,12675)	(0,07017)	(0,05975)	(0,05760)	(0,00328)
	[0,10901]	[-0,65385]	[-0,65253]	[-1,01376]	[-0,90188]	[-0,00079]	[-1,44099]	[-0,37444]	[0,93510]	[1,48124]
D(SP500(-1))	0,492510	0,300332	0,127172	0,209383	0,223028	-0,140946	0,220084	0,002339	0,152976	0,004033
	(0,18815)	(0,13558)	(0,14478)	(0,10935)	(0,12878)	(0,24051)	(0,13315)	(0,11338)	(0,10930)	(0,00623)
	[2,61758]	[2,21522]	[0,87837]	[1,91482]	[1,73185]	[-0,58602]	[1,65294]	[0,02063]	[1,39965]	[0,64771]
D(SP500(-2))	0,265911	0,160579	0,083023	0,223033	0,143689	0,020153	0,307255	-0,011587	0,066705	-0,002783
	(0,18897)	(0,13617)	(0,14541)	(0,10982)	(0,12934)	(0,24156)	(0,13373)	(0,11387)	(0,10977)	(0,00625)
	[1,40714]	[1,17929]	[0,57095]	[2,03082]	[1,11093]	[0,08343]	[2,29765]	[-0,10175]	[0,60768]	[-0,44494]

Çizelgenin Devamı... Vektör Hata Düzeltme Modeli Sonuç Tablosu

D(TSX(-1))	0,330242	0,313079	0,404196	0,263724	0,330151	1,006262	0,451954	0,288210	0,131319	-0,001378
	(0,16590)	(0,11954)	(0,12766)	(0,09641)	(0,11355)	(0,21207)	(0,11740)	(0,09997)	(0,09637)	(0,00549)
	[1,99062]	[2,61903]	[3,16626]	[2,73531]	[2,90759]	[4,74503]	[3,84975]	[2,88304]	[1,36268]	[-0,25099]
D(TSX(-2))	-0,028493	-0,044166	0,017064	-0,074735	-0,106231	0,182779	-0,168808	-0,035328	0,012565	-0,003183
	(0,16852)	(0,12143)	(0,12968)	(0,09794)	(0,11534)	(0,21542)	(0,11926)	(0,10155)	(0,09789)	(0,00558)
	[-0,16907]	[-0,36371]	[0,13159]	[-0,76307]	[-0,92099]	[0,84847]	[-1,41552]	[-0,34789]	[0,12835]	[-0,57066]
D(DK(-1))	-1,304288	-0,853407	-1,322886	-0,822035	-0,84113	-2,94841	-1,043289	-1,417618	-2,066467	-0,011856
	(1,58092)	(1,13914)	(1,21650)	(0,91877)	(1,08204)	(2,02087)	(1,11873)	(0,95263)	(0,91833)	(0,05232)
	[-0,82502]	[-0,74916]	[-1,08746]	[-0,89471]	[-0,77735]	[-1,45898]	[-0,93256]	[-1,48811]	[-2,25024]	[-0,22662]
D(DK(-2))	-0,585759	-1,182683	-2,045901	-1,584871	-1,613886	-1,568055	-2,53331	-1,222585	-0,635771	-0,012595
	(1,58716)	(1,14364)	(1,22129)	(0,92240)	(1,08631)	(2,02884)	(1,12315)	(0,95639)	(0,92195)	(0,05252)
	[-0,36906]	[-1,03414]	[-1,67519]	[-1,71821]	[-1,48566]	[-0,77288]	[-2,25555]	[-1,27834]	[-0,68959]	[-0,23979]
C	0,002455	0,001435	-0,001812	0,001044	-0,000164	0,001953	-0,00121	0,000581	0,001118	2,04E-05
	(0,00215)	(0,00155)	(0,00166)	(0,00125)	(0,00147)	(0,00275)	(0,00152)	(0,00130)	(0,00125)	(7,1E-05)
	[1,13951]	[0,92460]	[-1,09300]	[0,83413]	[-0,11138]	[0,70934]	[-0,79354]	[0,44788]	[0,89354]	[0,28637]

Vektör hata düzeltme modeli oluşturulurken Eviews programına değişkenlerin düzey değerlerini ifade eden seri isimleri girilir. Program otomatik olarak bu değişkenleri birinci derece farklarına dönüştürür. Sonuç tablosunda değişkenlerin birinci derece farkları D (Difference) ile ifade edilmiştir. Parantez içerisinde yer alan (-1) bir gecikmeyi parantez içerisinde yer alan (-2) ise iki gecikmeyi işaret eder. VAR Gecikme Sayısı Belirleme Kriter Tablosu ile belirlediğimiz gecikme sayısı kaç çıkarsa o sayıda gecikme modele dahil edilir. VEC sonuç tablosunda her bağımsız değişkenin hizasında üç satırdan oluşan veriler bulunmaktadır. Burada birinci satır katsayıyı, ikinci satır standart hatayı ve üçüncü satır t istatistikleridir. Örneğin, D(IMKB100) bağımlı değişkeninin altında yer alan CointEq1 bağımsız değişkeninin karşısında yer alan -0,012 katsayı, (0,020) standart hata ve [-0,591] ise t istatistiğidir. t istatistiği katsayının standart hataya bölünmesi ile bulunur.

Çizelge 6-10 ile gösterilen hata düzeltme modeli sonuç tablosu denklemlerle ifade edilmek istendiğinde aşağıdaki denklemlere ulaşılmaktadır. Her bir bağımlı değişken için model oluşturulurken 23 katsayı kullanılmıştır. Yani tüm denklemlerde yer alan toplam 230 katsayı bulunmaktadır.

Vektör Hata Düzeltme Modelleri

D(IMKB100) = C(1)*(IMKB100(-1) - 3,470357984*MIB(-1) - 14,99538069*FTSE100(-1) + 3,458715773*CAC40(-1) - 2,543826149*MICEX(-1) + 4,19852818*NIKKEI225(-1) + 2,182076587*SP500(-1) + 9,769027483*TSX(-1) - 26,54695985*DK(-1) - 3,300718045) + C(2)*(DAX(-1) + 0,04687716394*MIB(-1) - 3,104211437*FTSE100(-1) - 1,51427804*CAC40(-1) - 0,8179908435*MICEX(-1) + 1,41741437*NIKKEI225(-1) - 0,09147334503*SP500(-1) + 3,093233545*TSX(-1) - 11,3227356*DK(-1) - 5,590607252) + C(3)*D(IMKB100(-1)) + C(4)*D(IMKB100(-2)) + C(5)*D(DAX(-1)) + C(6)*D(DAX(-2)) + C(7)*D(MIB(-1)) + C(8)*D(MIB(-2)) + C(9)*D(FTSE100(-1)) + C(10)*D(FTSE100(-2)) + C(11)*D(CAC40(-1)) + C(12)*D(CAC40(-2)) + C(13)*D(MICEX(-1)) + C(14)*D(MICEX(-2)) + C(15)*D(NIKKEI225(-1)) + C(16)*D(NIKKEI225(-2)) + C(17)*D(SP500(-1)) + C(18)*D(SP500(-2)) + C(19)*D(TSX(-1)) + C(20)*D(TSX(-2)) + C(21)*D(DK(-1)) + C(22)*D(DK(-2)) + C(23)

D(DAX) = C(24)*(IMKB100(-1) - 3,470357984*MIB(-1) - 14,99538069*FTSE100(-1) + 3,458715773*CAC40(-1) - 2,543826149*MICEX(-1) + 4,19852818*NIKKEI225(-1) + 2,182076587*SP500(-1) + 9,769027483*TSX(-1) - 26,54695985*DK(-1) - 3,300718045) + C(25)*(DAX(-1) + 0,04687716394*MIB(-1) - 3,104211437*FTSE100(-1) - 1,51427804*CAC40(-1) - 0,8179908435*MICEX(-1) + 1,41741437*NIKKEI225(-1) - 0,09147334503*SP500(-1) + 3,093233545*TSX(-1) - 11,3227356*DK(-1) - 5,590607252) + C(26)*D(IMKB100(-1)) + C(27)*D(IMKB100(-2)) + C(28)*D(DAX(-1)) + C(29)*D(DAX(-2)) + C(30)*D(MIB(-1)) + C(31)*D(MIB(-2)) + C(32)*D(FTSE100(-1)) + C(33)*D(FTSE100(-2)) + C(34)*D(CAC40(-1)) + C(35)*D(CAC40(-2)) + C(36)*D(MICEX(-1)) + C(37)*D(MICEX(-2)) + C(38)*D(NIKKEI225(-1)) + C(39)*D(NIKKEI225(-2)) + C(40)*D(SP500(-1)) + C(41)*D(SP500(-2)) + C(42)*D(TSX(-1)) + C(43)*D(TSX(-2)) + C(44)*D(DK(-1)) + C(45)*D(DK(-2)) + C(46)

D(MIB) = C(47)*(IMKB100(-1) - 3,470357984*MIB(-1) - 14,99538069*FTSE100(-1) + 3,458715773*CAC40(-1) - 2,543826149*MICEX(-1) + 4,19852818*NIKKEI225(-1) + 2,182076587*SP500(-1) + 9,769027483*TSX(-1) - 26,54695985*DK(-1) - 3,300718045) + C(48)*(DAX(-1) + 0,04687716394*MIB(-1) - 3,104211437*FTSE100(-1) - 1,51427804*CAC40(-1) - 0,8179908435*MICEX(-1) + 1,41741437*NIKKEI225(-1) - 0,09147334503*SP500(-1) + 3,093233545*TSX(-1) - 11,3227356*DK(-1) - 5,590607252) + C(49)*D(IMKB100(-1)) + C(50)*D(IMKB100(-2)) + C(51)*D(DAX(-1)) + C(52)*D(DAX(-2)) + C(53)*D(MIB(-1)) + C(54)*D(MIB(-2)) + C(55)*D(FTSE100(-1)) + C(56)*D(FTSE100(-2)) + C(57)*D(CAC40(-1)) + C(58)*D(CAC40(-2)) + C(59)*D(MICEX(-1)) + C(60)*D(MICEX(-2)) + C(61)*D(NIKKEI225(-1)) + C(62)*D(NIKKEI225(-2)) + C(63)*D(SP500(-1)) + C(64)*D(SP500(-2)) + C(65)*D(TSX(-1)) + C(66)*D(TSX(-2)) + C(67)*D(DK(-1)) + C(68)*D(DK(-2)) + C(69)

D(FTSE100) = C(70)*(IMKB100(-1) - 3,470357984*MIB(-1) - 14,99538069*FTSE100(-1) + 3,458715773*CAC40(-1) - 2,543826149*MICEX(-1) + 4,19852818*NIKKEI225(-1) + 2,182076587*SP500(-1) + 9,769027483*TSX(-1) - 26,54695985*DK(-1) - 3,300718045) + C(71)*(DAX(-1) + 0,04687716394*MIB(-1) - 3,104211437*FTSE100(-1) - 1,51427804*CAC40(-1) - 0,8179908435*MICEX(-1) + 1,41741437*NIKKEI225(-1) - 0,09147334503*SP500(-1) + 3,093233545*TSX(-1) - 11,3227356*DK(-1) - 5,590607252) + C(72)*D(IMKB100(-1)) + C(73)*D(IMKB100(-2)) + C(74)*D(DAX(-1)) + C(75)*D(DAX(-2)) + C(76)*D(MIB(-1)) + C(77)*D(MIB(-2)) + C(78)*D(FTSE100(-1)) + C(79)*D(FTSE100(-2)) + C(80)*D(CAC40(-1)) + C(81)*D(CAC40(-2)) + C(82)*D(MICEX(-1)) + C(83)*D(MICEX(-2)) + C(84)*D(NIKKEI225(-1)) + C(85)*D(NIKKEI225(-2)) + C(86)*D(SP500(-1)) + C(87)*D(SP500(-2)) + C(88)*D(TSX(-1)) + C(89)*D(TSX(-2)) + C(90)*D(DK(-1)) + C(91)*D(DK(-2)) + C(92)

D(CAC40) = C(93)*(IMKB100(-1) - 3,470357984*MIB(-1) - 14,99538069*FTSE100(-1) + 3,458715773*CAC40(-1) - 2,543826149*MICEX(-1) + 4,19852818*NIKKEI225(-1) + 2,182076587*SP500(-1) + 9,769027483*TSX(-1) - 26,54695985*DK(-1) - 3,300718045) + C(94)*(DAX(-1) + 0,04687716394*MIB(-1) - 3,104211437*FTSE100(-1) - 1,51427804*CAC40(-1) - 0,8179908435*MICEX(-1) + 1,41741437*NIKKEI225(-1) - 0,09147334503*SP500(-1) + 3,093233545*TSX(-1) - 11,3227356*DK(-1) - 5,590607252) + C(95)*D(IMKB100(-1)) + C(96)*D(IMKB100(-2)) + C(97)*D(DAX(-1)) + C(98)*D(DAX(-2)) + C(99)*D(MIB(-1)) + C(100)*D(MIB(-2)) + C(101)*D(FTSE100(-1)) + C(102)*D(FTSE100(-2)) + C(103)*D(CAC40(-1)) + C(104)*D(CAC40(-2)) + C(105)*D(MICEX(-1)) + C(106)*D(MICEX(-2)) + C(107)*D(NIKKEI225(-1)) + C(108)*D(NIKKEI225(-2)) + C(109)*D(SP500(-1)) + C(110)*D(SP500(-2)) + C(111)*D(TSX(-1)) + C(112)*D(TSX(-2)) + C(113)*D(DK(-1)) + C(114)*D(DK(-2)) + C(115)

D(MICEX) = C(116)*(IMKB100(-1) - 3,470357984*MIB(-1) - 14,99538069*FTSE100(-1) + 3,458715773*CAC40(-1) - 2,543826149*MICEX(-1) + 4,19852818*NIKKEI225(-1) + 2,182076587*SP500(-1) + 9,769027483*TSX(-1) - 26,54695985*DK(-1) - 3,300718045) + C(117)*(DAX(-1) + 0,04687716394*MIB(-1) - 3,104211437*FTSE100(-1) - 1,51427804*CAC40(-1) - 0,8179908435*MICEX(-1) + 1,41741437*NIKKEI225(-1) - 0,09147334503*SP500(-1) + 3,093233545*TSX(-1) - 11,3227356*DK(-1) - 5,590607252) + C(118)*D(IMKB100(-1)) + C(119)*D(IMKB100(-2)) + C(120)*D(DAX(-1)) + C(121)*D(DAX(-2)) + C(122)*D(MIB(-1)) + C(123)*D(MIB(-2)) + C(124)*D(FTSE100(-1)) + C(125)*D(FTSE100(-2)) + C(126)*D(CAC40(-1)) + C(127)*D(CAC40(-2)) + C(128)*D(MICEX(-1)) + C(129)*D(MICEX(-2)) + C(130)*D(NIKKEI225(-1)) + C(131)*D(NIKKEI225(-2)) + C(132)*D(SP500(-1)) + C(133)*D(SP500(-2)) + C(134)*D(TSX(-1)) + C(135)*D(TSX(-2)) + C(136)*D(DK(-1)) + C(137)*D(DK(-2)) + C(138)

D(NIKKEI225) = C(139)*(IMKB100(-1) - 3,470357984*MIB(-1) - 14,99538069*FTSE100(-1) + 3,458715773*CAC40(-1) - 2,543826149*MICEX(-1) + 4,19852818*NIKKEI225(-1) + 2,182076587*SP500(-1) + 9,769027483*TSX(-1) - 26,54695985*DK(-1) - 3,300718045) + C(140)*(DAX(-1) + 0,04687716394*MIB(-1) - 3,104211437*FTSE100(-1) - 1,51427804*CAC40(-1) - 0,8179908435*MICEX(-1) + 1,41741437*NIKKEI225(-1) - 0,09147334503*SP500(-1) + 3,093233545*TSX(-1) - 11,3227356*DK(-1) - 5,590607252) + C(141)*D(IMKB100(-1)) + C(142)*D(IMKB100(-2)) + C(143)*D(DAX(-1)) + C(144)*D(DAX(-2)) + C(145)*D(MIB(-1)) + C(146)*D(MIB(-2)) + C(147)*D(FTSE100(-1)) + C(148)*D(FTSE100(-2)) + C(149)*D(CAC40(-1)) + C(150)*D(CAC40(-2)) + C(151)*D(MICEX(-1)) + C(152)*D(MICEX(-2)) + C(153)*D(NIKKEI225(-1)) + C(154)*D(NIKKEI225(-2)) + C(155)*D(SP500(-1)) + C(156)*D(SP500(-2)) + C(157)*D(TSX(-1)) + C(158)*D(TSX(-2)) + C(159)*D(DK(-1)) + C(160)*D(DK(-2)) + C(161)

D(SP500) = C(162)*(IMKB100(-1) - 3,470357984*MIB(-1) - 14,99538069*FTSE100(-1) + 3,458715773*CAC40(-1) - 2,543826149*MICEX(-1) + 4,19852818*NIKKEI225(-1) + 2,182076587*SP500(-1) + 9,769027483*TSX(-1) - 26,54695985*DK(-1) - 3,300718045) + C(163)*(DAX(-1) + 0,04687716394*MIB(-1) - 3,104211437*FTSE100(-1) - 1,51427804*CAC40(-1) - 0,8179908435*MICEX(-1) + 1,41741437*NIKKEI225(-1) - 0,09147334503*SP500(-1) + 3,093233545*TSX(-1) - 11,3227356*DK(-1) - 5,590607252) + C(164)*D(IMKB100(-1)) + C(165)*D(IMKB100(-2)) + C(166)*D(DAX(-1)) + C(167)*D(DAX(-2)) + C(168)*D(MIB(-1)) + C(169)*D(MIB(-2)) + C(170)*D(FTSE100(-1)) + C(171)*D(FTSE100(-2)) + C(172)*D(CAC40(-1)) + C(173)*D(CAC40(-2)) + C(174)*D(MICEX(-1)) + C(175)*D(MICEX(-2)) + C(176)*D(NIKKEI225(-1)) + C(177)*D(NIKKEI225(-2)) + C(178)*D(SP500(-1)) + C(179)*D(SP500(-2)) + C(180)*D(TSX(-1)) + C(181)*D(TSX(-2)) + C(182)*D(DK(-1)) + C(183)*D(DK(-2)) + C(184)

D(TSX) = C(185)*(IMKB100(-1) - 3,470357984*MIB(-1) - 14,99538069*FTSE100(-1) + 3,458715773*CAC40(-1) - 2,543826149*MICEX(-1) + 4,19852818*NIKKEI225(-1) + 2,182076587*SP500(-1) + 9,769027483*TSX(-1) - 26,54695985*DK(-1) - 3,300718045) + C(186)*(DAX(-1) + 0,04687716394*MIB(-1) - 3,104211437*FTSE100(-1) - 1,51427804*CAC40(-1) - 0,8179908435*MICEX(-1) + 1,41741437*NIKKEI225(-1) - 0,09147334503*SP500(-1) + 3,093233545*TSX(-1) - 11,3227356*DK(-1) - 5,590607252) + C(187)*D(IMKB100(-1)) + C(188)*D(IMKB100(-2)) + C(189)*D(DAX(-1)) + C(190)*D(DAX(-2)) + C(191)*D(MIB(-1)) + C(192)*D(MIB(-2)) + C(193)*D(FTSE100(-1)) + C(194)*D(FTSE100(-2)) + C(195)*D(CAC40(-1)) + C(196)*D(CAC40(-2)) + C(197)*D(MICEX(-1)) + C(198)*D(MICEX(-2)) + C(199)*D(NIKKEI225(-1)) + C(200)*D(NIKKEI225(-2)) + C(201)*D(SP500(-1)) + C(202)*D(SP500(-2)) + C(203)*D(TSX(-1)) + C(204)*D(TSX(-2)) + C(205)*D(DK(-1)) + C(206)*D(DK(-2)) + C(207)

D(DK) = C(208)*(IMKB100(-1) - 3,470357984*MIB(-1) - 14,99538069*FTSE100(-1) + 3,458715773*CAC40(-1) - 2,543826149*MICEX(-1) + 4,19852818*NIKKEI225(-1) + 2,182076587*SP500(-1) + 9,769027483*TSX(-1) - 26,54695985*DK(-1) - 3,300718045) + C(209)*(DAX(-1) + 0,04687716394*MIB(-1) - 3,104211437*FTSE100(-1) - 1,51427804*CAC40(-1) - 0,8179908435*MICEX(-1) + 1,41741437*NIKKEI225(-1) - 0,09147334503*SP500(-1) + 3,093233545*TSX(-1) - 11,3227356*DK(-1) - 5,590607252) + C(210)*D(IMKB100(-1)) + C(211)*D(IMKB100(-2)) + C(212)*D(DAX(-1)) + C(213)*D(DAX(-2)) + C(214)*D(MIB(-1)) + C(215)*D(MIB(-2)) + C(216)*D(FTSE100(-1)) + C(217)*D(FTSE100(-2)) + C(218)*D(CAC40(-1)) + C(219)*D(CAC40(-2)) + C(220)*D(MICEX(-1)) + C(221)*D(MICEX(-2)) + C(222)*D(NIKKEI225(-1)) + C(223)*D(NIKKEI225(-2)) + C(224)*D(SP500(-1)) + C(225)*D(SP500(-2)) + C(226)*D(TSX(-1)) + C(227)*D(TSX(-2)) + C(228)*D(DK(-1)) + C(229)*D(DK(-2)) + C(230)

Her denklemde ilk katsayı modelin hata düzeltme katsayısıdır. Örneğin ilk denklemde C(1) katsayısı modeldeki hata düzetme katsayısıdır. Sonda yer alan C(23) ise bu modelin sabitidir. Beklentimiz hata düzeltme katsayısının istatistikî olarak anlamlı olması ve işaretinin negatif olmasıdır. C(2) den başlayarak C(22) ye kadar diğer katsayılar kısa vadeli ilişkiyi gösteren katsayılardır. Burada bağımsız değişkenlerin D(IMKB100) bağımlı değişkenini etkileyip etkilemediği araştırılmaktadır.

Bu noktaya kadar elde ettiğimiz sonuçlar arasında değişkenlerin istatistikî olarak anlamlılığını ortaya koyan P (Probability) değerleri yer almamaktadır. Vektör Hata Düzeltme Modeli ile ortaya konan denklem sistemlerinde bulunan katsayıların istatistikî olarak anlamlı olanları Çizelge 6-11'de gösterilmiştir.

Çizelge 6-11 Vektör Hata Düzeltme Modeli Sonucu Elde Edilen Denklemleri Oluşturan Katsayıların Anlamlılık İstatistikleri

System: UNTITLED
Estimation Method: Least Squares
Date: 05/12/13 Time: 03:24
Sample: 11/26/2003 2/22/2012
Included observations: 406
Total system (unbalanced) observations 4052

	Coefficient	**Std. Error**	**t-Statistic**	**Prob.**	**Açıklama**
C(3)	-0,188	0,067	-2,799	0,005	
C(17)	0,480	0,188	2,558	0,011	
C(19)	0,339	0,165	2,050	0,041	
C(25)	**-0,115**	**0,049**	**-2,317**	**0,021**	DAX Eşbütünleşme Denklemi
C(27)	0,122	0,047	2,571	0,010	
C(31)	0,263	0,121	2,171	0,030	
C(40)	0,295	0,134	2,196	0,028	
C(42)	0,314	0,118	2,653	0,008	
C(47)	**0,044**	**0,015**	**2,919**	**0,004**	MIB Eşbütünleşme Denklemi
C(48)	**-0,155**	**0,053**	**-2,938**	**0,003**	MIB Eşbütünleşme Denklemi
C(51)	0,346	0,154	2,252	0,024	

C(59)	-0,131	0,044	-2,997	0,003	
C(65)	0,403	0,126	3,195	0,001	
C(71)	**-0,081**	**0,040**	**-2,013**	**0,044**	FTSE100 Eşbütünleşme Denklemi
C(72)	-0,107	0,039	-2,758	0,006	
C(87)	0,214	0,108	1,977	0,048	
C(88)	0,264	0,096	2,759	0,006	
C(96)	0,103	0,045	2,290	0,022	
C(111)	0,330	0,112	2,934	0,003	
C(122)	-0,471	0,220	-2,142	0,032	
C(128)	-0,264	0,074	-3,595	0,000	
C(129)	-0,310	0,075	-4,132	0,000	
C(134)	1,028	0,212	4,850	0,000	
C(140)	**-0,098**	**0,049**	**-1,984**	**0,047**	NIKKEI225 Eşbütünleşme Denklemi
C(142)	0,095	0,047	2,020	0,043	
C(143)	0,338	0,143	2,363	0,018	
C(151)	-0,111	0,041	-2,723	0,007	
C(153)	-0,197	0,072	-2,739	0,006	
C(156)	0,294	0,134	2,205	0,028	
C(157)	0,456	0,118	3,872	0,000	
C(160)	**-2,331**	**1,129**	**-2,065**	**0,039**	NIKKEI225 Endeksi (Kısa Vadeli)
C(164)	-0,098	0,040	-2,415	0,016	
C(180)	0,291	0,099	2,926	0,004	
C(187)	-0,099	0,039	-2,549	0,011	
C(188)	0,088	0,038	2,303	0,021	
C(191)	-0,227	0,099	-2,290	0,022	
C(198)	-0,085	0,034	-2,525	0,012	
C(205)	**-2,064**	**0,913**	**-2,262**	**0,024**	TSX Endeksi (Kısa Vadeli)
C(217)	-0,016	0,008	-2,177	0,030	
Not: Kalın yazılanlar Yapay Değişkenin (DK) istatistiki olarak anlamlı olduğu ve diğer borsaları etkilediği katsayılardır.					

Çizelge 6-11'de kalın yazı ile gösterilen değişkenler Yapay Değişken DK'nin endeksleri istatistikî olarak anlamlı seviyede etkilediği endekslerdir. Açıklama sütununda hangi borsa endeksi kısa vadeli etkilenmişse veya uzun vadeli etkilenmişse (eşbütünleşme denklemi) bu durum belirtilmiştir. Bu çizelgeden çıkan sonuç; Yapay Değişken Japonya ve Kanada'yı kısa vadede etkilerken, Almanya, İtalya, İngiltere ve

Japonya'nın bağımlı değişken olduğu modellerde eşbütünleşme denklemini etkilemektedir. Yani Yapay Değişken aslında analiz için ele aldığımız tüm sistemi etkilemektedir. Çünkü modelde ortaya konan eşbütünleşme denklemi bir sistem denklemidir. Bu sistem tüm değişkenleri (endeksleri) kapsamaktadır.

Kriz borsa endekslerinin verilerinde kırılmaya neden olmuştur. Bu üç şekilde tespit edilebilmektedir. Birincisi endekslerin logaritmik grafiği olan Şekil 6-1 ile, ikincisi yapay değişken eklenmeden önce gerçekleştirilen ilk analizde bulunan artıkların nasıl dağılım gösterdiğini ortaya koyan, uç değerlerin tespit edilebildiği Eviews penceresi ile, üçüncüsü ise yapay değişken eklenmiş son analizin sonuçlarında görülebilmektedir. Bu noktada analizi istatistikî olarak anlamlı ve sonuçlarına güvenilir hale getirebilmek için zaman serilerinde meydana gelen kırılmanın ortadan kaldırılması gerekmektedir. Bunu yapmanın yolu veri setindeki uç değerleri, yani kriz ve etkilerinin sürdüğü dönemi veri setinden çıkarmakla sağlanabilecektir. Bu koşul sağlanmış ve analizin sonraki aşamasına geçilmiştir.

6.5.2. Uç Değerlerin Çıkartıldığı Dönemin Analizi

6.5.2.1.Birim Kök Testleri

Öncelikle borsa endekslerinin zaman serilerine birim kök testleri uygulanmıştır. Augmented (Genişletilmiş) Dickey-Fuller ve Phillips-Perron birim kök testleri yardımıyla her serinin düzey değerleri (Level) incelenmiş ve serilerin birim kök içerip içermedikleri araştırılmıştır.

Birim kök testleri uygulanırken aşağıdaki hipotezler sınanmıştır. Serilerin düzeylerinde durağan olup olmadıkları her iki analiz tekniğiyle gözden geçirilmiştir ve sonuçlar çizelgeler yardımıyla sunulmuştur.

H_0: Seri Birim Köke Sahiptir. (Seri Durağan Değildir)

H_a: Seri Birim Köke Sahip Değildir. (Seri Durağandır)

Çizelge 6-12 Serilerin Düzey Değerleri Birim Kök Testi Sonuçları

	Sabitli				Sabitli & Trendli			
	ADF Test İstatistiği	Olasılık	Phillips-Perron Test İstatistiği	Olasılık	ADF Test İstatistiği	Olasılık	Phillips-Perron Test İstatistiği	Olasılık
NIKKEI225	-0,413	0,903	-0,222	0,932	-2,597	0,281	-2,563	0,297
IMKB100	-0,618	0,862	-0,530	0,880	-1,593	0,791	-1,613	0,783
DAX	0,359	0,980	0,482	0,985	-1,803	0,699	-1,627	0,778
CAC40	-0,442	0,897	-0,359	0,912	-2,720	0,230	-2,590	0,285
MICEX	0,012	0,957	0,015	0,957	-1,724	0,735	-1,767	0,716
MIB	-0,796	0,817	-0,749	0,830	-3,138	0,100	-3,357	0,060
FTSE100	-0,459	0,894	-0,001	0,959	-3,943	0,012	-3,795	0,018
SP500	-0,438	0,898	-0,333	0,916	-2,538	0,309	-2,559	0,299
TSX	-0,423	0,901	-0,394	0,906	-3,033	0,126	-3,204	0,086

Çizelge 6-13 Serilerin Düzey Değerleri ve Birinci Fark Değerleri İçin Kritik Değerler

	ADF ve Phillips-Perron Testleri	
	Sabitli	**Sabitli & Trendli**
% 1	-3,47	-4,01
% 5	-2,88	-3,44
% 10	-2,58	-3,14

Endeks serilerinin düzey değerleri için yapılan Augmented Dickey-Fuller ve Phillips-Perron birim kök testlerinin sonuçları Çizelge 6-12'de sunulmuştur. Augmented Dickey-Fuller birim kök testi için hem Sabitli hem de Sabitli & Trendli birim kök test istatistiği değerlerinin mutlak değeri Çizelge 6-13'te verilen tüm kritik değerlerin mutlak değerinden küçüktür. Phillips-Perron birim kök test sonuçları da

Augmented Dickey Fuller birim kök test sonuçlarıyla örtüşür durumdadır. Bu sebeple serilerin birim köke sahip olduğu yönünde kurulan H_0 hipotezi reddedilemez. Borsa endeks serileri düzeylerinde durağan değildir.

Bu sonuçlar doğrultusunda tüm serilerin hangi düzeyde durağan olduklarını araştırmak için önce serilerin birinci farkları (1st Difference) alınarak birim kök testleri tekrar uygulanmış ve Çizelge 6-14'te verilen sonuçlara ulaşılmıştır. Farkı alınan serilerin her biri için hipotezler oluşturulmuş ve bu hipotezler sınanmıştır.

Çizelge 6-14 Birinci Fark Serileri Birim Kök Testi Sonuçları

	Sabitli				Sabitli & Trendli			
	ADF Test İstatistiği	Olasılık	Phillips-Perron Test İstatistiği	Olasılık	ADF Test İstatistiği	Olasılık	Phillips-Perron Test İstatistiği	Olasılık
NIKKEI225	-13,593	0,000*	-13,895	0,000*	-13,549	0,000*	-13,841	0,000*
IMKB100	-10,392	0,000*	-12,253	0,000*	-10,364	0,000*	-12,213	0,000*
DAX	-14,778	0,000*	-14,776	0,000*	-14,850	0,000*	-14,873	0,000*
CAC40	-14,754	0,000*	-14,731	0,000*	-14,720	0,000*	-14,697	0,000*
MICEX	-12,508	0,000*	-12,508	0,000*	-12,471	0,000*	-12,470	0,000*
MIB	-12,649	0,000*	-12,691	0,000*	-12,611	0,000*	-12,645	0,000*
FTSE100	-14,533	0,000*	-17,623	0,000*	-14,503	0,000*	-17,949	0,000*
SP500	-14,996	0,000*	-14,986	0,000*	-14,973	0,000*	-14,964	0,000*
TSX	-14,169	0,000*	-14,160	0,000*	-14,116	0,000*	-14,109	0,000*

Not: * % 1 seviyesinde anlamlıdır.

Çizelge 6-15 Serilerin Düzey Değerleri ve Birinci Fark Değerleri İçin Kritik Değerler

	ADF ve Phillips-Perron Testleri	
	Sabitli	**Sabitli & Trendli**
% 1	-3,47	-4,01
% 5	-2,88	-3,44
% 10	-2,58	-3,14

Serilerin farkı alınmış değerleri üzerinden yapılan birim kök testlerinde Augmented Dickey-Fuller ve Phillips-Perron test istatistiklerinin mutlak değerleri kritik değerlerin mutlak değerlerinden büyük, ayrıca olasılık (p) değerleri de 0,0000'dır. Fark serilerinin birim köke sahip olduğu şeklinde kurulan H_0 hipotezi reddedilmiştir. Bu sebeple serilerin 1. Farkı durağandır.

6.5.2.2. VAR Gecikme Sayısı Belirleme Kriter Tablosu

Var Gecikme Sayısı belirlenirken serilerin düzey (Level) değerleri kullanılmıştır. Sonuç tablosu Çizelge 6-16'da verilmiştir. Çizelgeye göre Kriterlerin dört tanesinin % 5 seviyesinde reddedemediği gecikme sayısı 1'dir. Bu sebeple çizelge, 1 gecikme uzunluğunu işaret etmektedir.

Çizelge 6-16 VAR Gecikme Sayısı Belirleme Kriter Tablosu

Endogenous variables: CAC40 DAX FTSE100 IMKB100 MIB MICEX NIKKEI225 SP500 TSX
Exogenous variables: C
Sample: 11/05/2003 6/27/2007

Lag	LogL	LR	FPE	AIC	SC	HQ
0	1800,411	NA	5,00e-28	-37,32106	-37,08065	-37,22388
1	**2672,676**	**1562,809***	**3,49e-35***	**-53,80575**	**-51,40167***	**-52,83398***
2	2730,506	92,76839	5,90e-35	-53,32304	-48,75529	-51,47668
3	2798,488	96,30797	8,63e-35	-53,05183	-46,32041	-50,33088
4	2865,850	82,79891	1,43e-34	-52,7677	-43,87262	-49,17216
5	2930,191	67,02212	2,99e-34	-52,42064	-41,36189	-47,95051
6	3044,024	97,23247	2,90e-34	-53,10467	-39,88225	-47,75995
7	3179,834	90,54014	2,68e-34	-54,24655	-38,86046	-48,02724
8	3375,979	93,98596	1,44e-34	-56,64539*	-39,09563	-49,55149

* indicates lag order selected by the criterion
LR: sequential modified LR test statistic (each test at 5% level)
FPE: Final prediction error
AIC: Akaike information criterion
SC: Schwarz information criterion
HQ: Hannan-Quinn information criterion

6.5.2.3. Johansen Eşbütünleşme Testi Sonuçları

Serilerin aynı seviyede durağanlaştıkları tespit edildikten ve Var gecikme sayısı belirlendikten sonra eşbütünleşme testine geçilebilmektedir. Eşbütünleşme testinde model içindeki hangi değişken bağımlı değişken yapılırsa yapılsın eşbütünleşik vektör sayısı değişmez. Çünkü model eşbütünleşik vektörü bulurken tüm serilerin birbiriyle ilişkisini dikkate alır ve tüm değişkenleri kapsayan bir sonuç ortaya koyar. Johansen eşbütünleşme testinde düzey verileri kullanılmaktadır. Bu model, modele dahil edilen değişkenler arasında eşbütünleşik bir(çok) vektör olup olmadığını ortaya koymaktadır. Eşbütünleşme testinde, Kriterlerin çoğunluğunun işaret ettiği gibi VAR denklemine değişkenlerin bir (1) gecikme değerleri de dahil edilmiştir.

Çizelge 6-17'de Johansen eşbütünleşme testi sonuçları sunulmuştur. Test gerçekleştirilirken verilerin doğrusal trend izlediği, eşbütünleşim denkleminde ise sabitin var ama trendin olmadığı düşünülerek, 3. model seçilmiştir.

Çizelge 6-17 Johansen Eşbütünleşme Testi Sonuçları

Sample (adjusted): 11/12/2003 6/27/2007				
Included observations: 149 after adjustments				
Trend assumption: Linear deterministic trend				
Series: CAC40 DAX FTSE100 IMKB100 MIB MICEX NIKKEI225 SP500 TSX				
Lags interval (in first differences): No lags				
Unrestricted Cointegration Rank Test (Trace)				
Hypothesized		Trace	0.05	
No. of CE(s)	Eigenvalue	Statistic	Critical Value	Prob.**
None *	**0,346118**	**198,2843**	**197,3709**	**0,0450**
At most 1	0,248092	134,9849	159,5297	0,4797
At most 2	0,186417	92,49879	125,6154	0,8136

Trace test indicates 1 cointegrating eqn(s) at the 0.05 level

Unrestricted Cointegration Rank Test (Maximum Eigenvalue)				
Hypothesized		Max-Eigen	0.05	
No. of CE(s)	Eigenvalue	Statistic	Critical Value	Prob.**
None *	**0,346118**	**63,29943**	**58,43354**	**0,0155**
At most 1	0,248092	42,48613	52,36261	0,3513
At most 2	0,186417	30,73986	46,23142	0,7368

Max-eigenvalue test indicates 1 cointegrating eqn(s) at the 0.05 level

Çizelge 6-17 iz ve özdeğer test istatistiklerini göstermektedir. Hipotezler bölümünde eşbütünleşik denklem sayıları ile sınama gerçekleştirilmektedir. Birinci hipotez; "Hiç Eşbütünleşik Vektör Yoktur", ikinci hipotez; "En çok 1 Eşbütünleşik Vektör Bulunmaktadır" şeklindedir. Çizelgede ilk hipotez için İzdeğer ve Özdeğer İstatistikleri Kritik Değerden yüksek ve % 5 anlamlılıkta reddedilmiştir. Yani "hiç eşbütünleşik vektör yoktur" hipotezi reddedilmiştir. İkinci hipotez, ise % 5 anlamlılık seviyesinde reddedilememiştir. En çok 1 eşbütünleşik vektör bulunmaktadır. Bu sonuç hem izdeğer hem de özdeğer istatistikleri için geçerlidir. Her iki istatistik de 1 eşbütünleşik vektörü işaret etmektedir. Bunun sonucunda maksimum özdeğer ve izdeğer istatistiklerine göre araştırmaya konu olan borsalar arasında uzun dönemli bir ilişki bulunduğu sonucuna varılmıştır.

Eşbütünleşim vektörü denklem halinde yazılmak istenirse;

IMKB100(-1) = 39,436 + 7,766*DAX(-1) + 7,350*MIB(-1) - 2,242*FTSE100(-1) + 8,182*CAC40(-1) - 0,319*MICEX(-1) - 1,474*NIKKEI225(-1) - 10,507*SP500(-1) - 16,317*TSX(-1) + ε_t

Eşbütünleşim vektörü denkleminde bağımlı değişken IMKB100 ile diğer bağımsız değişkenlerin ilişkisi ortaya konmuştur. Bağımsız değişkenlerin katsayılarının işaretleri negatif (-) ise IMKB100 ile ters yönlü hareket, pozitif ise (+) IMKB100 ile aynı yönlü hareket halinde olduklarını göstermektedir. Bu denklem tüm değişkenler arasındaki uzun dönem ilişkiyi ortaya koyan bir denklemdir. Bu denklemden çıkarılacak sonuç; İMKB100 endeksi ile DAX Endeksi (Almanya) ve MIB Endeksi (İtalya), arasında doğrusal bir ilişki söz konusudur. Yani İMKB100 endeksi artarken DAX ve MIB endeksleri de artmaktadır, İMKB100 düşerken DAX ve MIB da düşmektedir. Diğer taraftan İMKB100 ile FTSE100 Endeksi (İngiltere), CAC40 Endeksi (Fransa), MICEX Endeksi (Rusya), NIKKEI225 Endeksi (Japonya), S&P500 Endeksi (ABD) ve TSX Endeksi arasında doğrusal olmayan bir ilişki söz konusudur. İMKB100 artarken bu endeksler düşmektedir veya İMKB100 düşerken bu endeksler yükselmektedir.

Johansen Eşbütünleşme Testi kapsamında elde edilen 1 eşbütünleşik denklemin değişkenlerinin Türkiye'ye göre normalleştirilmiş eşbütünleşim katsayıları (normalized cointegrating coefficients) vektörü, bu katsayıların standart sapma ve t istatistikleri Çizelge 6-18'de verilmiştir.

Çizelge 6-18 Eşbütünleşim Vektör Tablosu

Vector Error Correction Estimates
Sample (adjusted): 11/12/2003 6/27/2007

Cointegrating Eq:	**CointEq1**
IMKB100(-1)	1.000000
DAX(-1)	7,766118 (1,98968) [3,90320]
MIB(-1)	7,350968 (2,36655) [3,10619]
FTSE100(-1)	-2,242053 (3,26175) [-0,68738]

CAC40(-1)	8,182732 (3,34821) [2,44391]
MICEX(-1)	-0,319488 (0,46468) [-0,68755]
NIKKEI225(-1)	-1,474369 (0,96085) [-1,53444]
SP500(-1)	-10,50767 (2,31389) [-4,54113]
TSX(-1)	-16,31742 (2,08479) [-7,82688]
C	39,43689

Johansen eşbütünleşme testi sonucuna göre uluslararası borsa endekslerinin eşbütünleşik bir vektöre sahip olduğu belirlenmiş ve ardından Vektörel Hata Düzeltme Modeline geçilerek sonuçları Çizelge 6-19'da sunulmuştur. Eşbütünleşme testinde ortaya konan hata terimi 1 gecikme ile modele ilave edilmiştir. Hata Düzeltme (Error Correction) satırında bulunan değişkenler bağımlı değişkenler, bağımlı değişken sütununda yer alan diğer değişkenler ise bağımsız değişkenlerdir.

6.5.2.4. Vektör Hata Düzeltme Modeli

Çizelge 6-19 Vektör Hata Düzeltme Modeli Sonuç Tablosu

Error Correction:	**D(IMKB100)**	**D(DAX)**	**D(MIB)**	**D(FTSE100)**	**D(CAC40)**	**D(MICEX)**	**D(NIKKEI225)**	**D(SP500)**	**D(TSX)**
CointEq1	-0,010798	-0,010849	-0,012533	-0,005317	-0,010427	-0,002979	-0,01406	0,005811	0,010526
	(0,00879)	(0,00441)	(0,00355)	(0,00320)	(0,00365)	(0,00913)	(0,00549)	(0,00309)	(0,00349)
	[-1,22774]	[-2,46252]	[-3,53503]	[-1,65993]	[-2,85776]	[-0,32625]	[-2,56064]	[1,88104]	[3,01965]
C	0,009174	0,004270	0,002376	0,002384	0,003194	0,008635	0,003810	0,002279	0,004129
	(0,00281)	(0,00141)	(0,00113)	(0,00102)	(0,00117)	(0,00292)	(0,00176)	(0,00099)	(0,00112)
	[3,25976]	[3,02846]	[2,09402]	[2,32616]	[2,73542]	[2,95529]	[2,16830]	[2,30508]	[3,70124]

Sonuç tablosunda değişkenlerin birinci derece farkları D (Difference) ile ifade edilmiştir. VAR Gecikme Sayısı Belirleme Kriter Tablosu ile belirlediğimiz gecikme sayısı kaç çıkarsa o sayıda gecikme modele dahil edilir. VEC sonuç tablosunda her bağımsız değişkenin hizasındaki birinci satır katsayıyı, ikinci satır standart hatayı ve üçüncü satır t istatistiklerini ifade eder. Örneğin, D(IMKB100) bağımlı değişkeninin altında yer alan CointEq1 bağımsız değişkeninin karşısında yer alan -0,010798 katsayı, (0,00879) standart hata ve [-1,22774] ise t istatistiğidir. t istatistiği katsayının standart hataya bölünmesi ile bulunur. Çizelge 6-19 değişkenler arasında kısa vadeli ilişki olmadığını yalnızca uzun vadeli ilişki olduğunu göstermektedir. Çünkü CointEq1 satırı eşbütünleşik vektörü ifade eden satır ve altında bulunan C satırı ise her bir modelin sabitidir. CointEq1 uzun vadeli ilişkiyi göstermektedir. Eğer modellerde hata terimlerinin gecikmeleri ilave edilmiş olsaydı yani Var Gecikme Uzunluğu 2 veya daha büyük bir gecikmeyi işaret etseydi o durumda kısa vadeli ilişki katsayıları hesaplanacaktı.

Çizelge 6-19 ile gösterilen hata düzeltme modeli sonuç tablosu denklemlerle ifade edilmek istendiğinde aşağıdaki denklemlere ulaşılmaktadır. Her bir bağımlı değişken için model oluşturulurken 2 katsayı kullanılmıştır. Yani tüm denklemlerde yer alan toplam 18 katsayı bulunmaktadır.

Vektör Hata Düzeltme Modelleri

D(IMKB100) = C(1)*(IMKB100(-1) + 7,766*DAX(-1) + 7,350*MIB(-1) - 2,242*FTSE100(-1) + 8,182*CAC40(-1) - 0,319*MICEX(-1) - 1,474*NIKKEI225(-1) - 10,507*SP500(-1) - 16,317*TSX(-1) + 39,436) + C(2)

D(DAX) = C(3)*(IMKB100(-1) + 7,766*DAX(-1) + 7,350*MIB(-1) - 2,242*FTSE100(-1) + 8,182*CAC40(-1) - 0,319*MICEX(-1) - 1,474*NIKKEI225(-1) - 10,507*SP500(-1) - 16,317*TSX(-1) + 39,436) + C(4)

D(MIB) = C(5)*(IMKB100(-1) + 7,766*DAX(-1) + 7,350*MIB(-1) - 2,242*FTSE100(-1) + 8,182*CAC40(-1) - 0,319*MICEX(-1) - 1,474*NIKKEI225(-1) - 10,507*SP500(-1) - 16,317*TSX(-1) + 39,436) + C(6)

D(FTSE100) = C(7)*(IMKB100(-1) + 7,766*DAX(-1) + 7,350*MIB(-1) - 2,242*FTSE100(-1) + 8,182*CAC40(-1) - 0,319*MICEX(-1) - 1,474*NIKKEI225(-1) - 10,507*SP500(-1) - 16,317*TSX(-1) + 39,436) + C(8)

D(CAC40) = C(9)*(IMKB100(-1) + 7,766*DAX(-1) + 7,350*MIB(-1) - 2,242*FTSE100(-1) + 8,182*CAC40(-1) - 0,319*MICEX(-1) - 1,474*NIKKEI225(-1) - 10,507*SP500(-1) - 16,317*TSX(-1) + 39,436) + C(10)

D(MICEX) = C(11)*(IMKB100(-1) + 7,766*DAX(-1) + 7,350*MIB(-1) - 2,242*FTSE100(-1) + 8,182*CAC40(-1) - 0,319*MICEX(-1) - 1,474*NIKKEI225(-1) - 10,507*SP500(-1) - 16,317*TSX(-1) + 39,436) + C(12)

D(NIKKEI225) = C(13)*(IMKB100(-1) + 7,766*DAX(-1) + 7,350*MIB(-1) - 2,242*FTSE100(-1) + 8,182*CAC40(-1) - 0,319*MICEX(-1) - 1,474*NIKKEI225(-1) - 10,507*SP500(-1) - 16,317*TSX(-1) + 39,436) + C(14)

D(SP500) = C(15)*(IMKB100(-1) + 7,766*DAX(-1) + 7,350*MIB(-1) - 2,242*FTSE100(-1) + 8,182*CAC40(-1) - 0,319*MICEX(-1) - 1,474*NIKKEI225(-1) - 10,507*SP500(-1) - 16,317*TSX(-1) + 39,436) + C(16)

D(TSX) = C(17)*(IMKB100(-1) + 7,766*DAX(-1) + 7,350*MIB(-1) - 2,242*FTSE100(-1) + 8,182*CAC40(-1) - 0,319*MICEX(-1) - 1,474*NIKKEI225(-1) - 10,507*SP500(-1) - 16,317*TSX(-1) + 39,436) + C(18)

Her denklemde ilk katsayı modelin hata düzeltme katsayısıdır. Örneğin ilk denklemde C(1) katsayısı modeldeki hata düzetme katsayısıdır. Sonda yer alan C(2) ise bu modelin sabitidir. Beklentimiz hata düzeltme katsayısının istatistikî olarak anlamlı olması ve işaretinin negatif olmasıdır. Burada bağımsız değişkenlerin D(IMKB100) bağımlı değişkenini etkileyip etkilemediği araştırılmaktadır.

Vektörel Hata Düzeltme Modeli ile ortaya konan denklem sistemlerinde bulunan katsayıların istatistikî olarak anlamlı olup olmadıklarının sonucu Çizelge 6-20 ile ortaya konmuştur.

Çizelge 6-20 Vektör Hata Düzeltme Modeli Sonucu Elde Edilen Denklemleri Oluşturan Katsayıların Anlamlılık İstatistikleri

Estimation Method: Least Squares					
Sample: 11/12/2003 6/27/2007					
Included observations: 160					
Total system (unbalanced) observations 1424					
Bağımlı Değişken		**Coefficient**	**Std. Error**	**t-Statistic**	**Prob.**
D(IMKB100)	C(1)	-0,0126	0,0090	-1,4029	0,1609
	C(2)	**0,0076**	**0,0029**	**2,6453**	**0,0083**
D(DAX)	**C(3)**	**-0,0120**	**0,0044**	**-2,7639**	**0,0058**
	C(4)	**0,0042**	**0,0014**	**3,0062**	**0,0027**
D(MIB)	**C(5)**	**-0,0121**	**0,0036**	**-3,3742**	**0,0008**
	C(6)	0,0018	0,0012	1,5379	0,1243
D(FTSE100)	C(7)	-0,0052	0,0033	-1,5717	0,1162
	C(8)	0,0017	0,0011	1,5913	0,1118
D(CAC40)	**C(9)**	**-0,0109**	**0,0035**	**-3,0930**	**0,0020**
	C(10)	**0,0033**	**0,0011**	**2,9412**	**0,0033**
D(MICEX)	C(11)	-0,0057	0,0093	-0,6106	0,5416
	C(12)	**0,0069**	**0,0030**	**2,3210**	**0,0204**
D(NIKKEI225)	**C(13)**	**-0,0165**	**0,0056**	**-2,9514**	**0,0032**
	C(14)	0,0025	0,0018	1,4137	0,1577
D(SP500)	C(15)	0,0050	0,0031	1,6140	0,1068
	C(16)	0,0018	0,0010	1,8367	0,0665
D(TSX)	**C(17)**	**0,0095**	**0,0035**	**2,7542**	**0,0060**
	C(18)	**0,0035**	**0,0011**	**3,1374**	**0,0017**

C(1), C(3), C(5), C(7), C(9), C(11), C(13), C(15) ve C(17) katsayıları hata düzeltme terimleridir ya da başka bir ifade ile uzun dönem dengeye doğru düzeltme hızlarıdır. Bunlar arasında istatistikî olarak anlamlı bulunanlar tabloda koyu renkle gösterilmiştir. Bunlar C(3), C(5), C(9), C(13) ve C(17)'dir. Yani eşbütünleşme denklemine ait hata düzeltme katsayısının % 5 seviyesinde anlamlı olduğu ülkeler Almanya, İtalya, Fransa, Japonya ve Kanada'dır.

Diğer katsayılar ise her bir modelin sabitini ifade etmektedir. Daha önce belirtildiği gibi modellerimizde kısa vadeli ilişkiye rastlanmamıştır. Bunun nedeni, serilerin analize dahil edilecek gecikme sayılarının kriterler tarafından 1 gösterilmesidir. Bu bilgiler doğrultusunda denklemler, istatistikî olarak anlamlı bulunan katsayılar göz önünde bulundurularak ve Vektör Hata Düzeltme katsayıları eklenerek yeniden oluşturulmuştur.

D(IMKB100) = -0,010798*(IMKB100(-1) + 7,766*DAX(-1) + 7,350*MIB(-1) - 2,242*FTSE100(-1) + 8,182*CAC40(-1) - 0,319*MICEX(-1) - 1,474*NIKKEI225(-1) - 10,507*SP500(-1) - 16,317*TSX(-1) + 39,436) + **0,009174**

D(DAX) = -0,010849*(IMKB100(-1) + 7,766*DAX(-1) + 7,350*MIB(-1) - 2,242*FTSE100(-1) + 8,182*CAC40(-1) - 0,319*MICEX(-1) - 1,474*NIKKEI225(-1) - 10,507*SP500(-1) - 16,317*TSX(-1) + 39,436) + 0,004270

D(MIB) = -0,012533*(IMKB100(-1) + 7,766*DAX(-1) + 7,350*MIB(-1) - 2,242*FTSE100(-1) + 8,182*CAC40(-1) - 0,319*MICEX(-1) - 1,474*NIKKEI225(-1) - 10,507*SP500(-1) - 16,317*TSX(-1) + 39,436) + 0,002376

D(FTSE100) = -0,005317*(IMKB100(-1) + 7,766*DAX(-1) + 7,350*MIB(-1) - 2,242*FTSE100(-1) + 8,182*CAC40(-1) - 0,319*MICEX(-1) - 1,474*NIKKEI225(-1) - 10,507*SP500(-1) - 16,317*TSX(-1) + 39,436) + 0,002384

D(CAC40) = -0,010427*(IMKB100(-1) + 7,766*DAX(-1) + 7,350*MIB(-1) - 2,242*FTSE100(-1) + 8,182*CAC40(-1) - 0,319*MICEX(-1) -

1,474*NIKKEI225(-1) - 10,507*SP500(-1) - 16,317*TSX(-1) + 39,436) + 0,003194

D(MICEX) = -0,002979*(IMKB100(-1) + 7,766*DAX(-1) + 7,350*MIB(-1) - 2,242*FTSE100(-1) + 8,182*CAC40(-1) - 0,319*MICEX(-1) - 1,474*NIKKEI225(-1) - 10,507*SP500(-1) - 16,317*TSX(-1) + 39,436) + **0,008635**

D(NIKKEI225) = -0,01406*(IMKB100(-1) + 7,766*DAX(-1) + 7,350*MIB(-1) - 2,242*FTSE100(-1) + 8,182*CAC40(-1) - 0,319*MICEX(-1) - 1,474*NIKKEI225(-1) - 10,507*SP500(-1) - 16,317*TSX(-1) + 39,436) + 0,003810

D(SP500) = 0,005811*(IMKB100(-1) + 7,766*DAX(-1) + 7,350*MIB(-1) - 2,242*FTSE100(-1) + 8,182*CAC40(-1) - 0,319*MICEX(-1) - 1,474*NIKKEI225(-1) - 10,507*SP500(-1) - 16,317*TSX(-1) + 39,436) + 0,002279

D(TSX) = 0,010526*(IMKB100(-1) + 7,766*DAX(-1) + 7,350*MIB(-1) - 2,242*FTSE100(-1) + 8,182*CAC40(-1) - 0,319*MICEX(-1) - 1,474*NIKKEI225(-1) - 10,507*SP500(-1) - 16,317*TSX(-1) + 39,436) + 0,004129

Vektör hata düzeltme modelinde bulunan katsayılar denklemlerde yerine konmuş ve istatistikî olarak anlamlı kabul edilenler kalın olarak yazılmıştır. Katsayısı işaretinin pozitif olması uzun dönem denge değerinden uzaklaşmayı işaret ederken, negatif katsayılar ise denge değerine yaklaşmayı ifade eder. Hata düzeltme parametresi, model dinamiğini dengede tutmaya yarar ve değişkenleri uzun dönem denge değerine doğru yakınlaşmaya zorlar.

Hata düzeltme parametresinin katsayısının istatistiksel açıdan anlamlı çıkması, sapmanın varlığını gösterir. Katsayının büyüklüğü ise uzun dönem denge değerine doğru yakınlaşma hızının bir göstergesidir. Uygulamada, hata düzeltme parametresinin negatif ve istatistiksel açıdan anlamlı olması beklenir. Bu durumda, değişkenlerin uzun dönem denge değerine doğru hareketinin olacağı ifade edilmektedir. Denge durumundan kısa dönemli sapmalar hata düzeltme parametresinin katsayısının büyüklüğüne bağlı olarak düzeltilir.[172]

Vektör Hata Düzeltme Modelinin sonuç tablosu değerlendirilirken; katsayının 1 çıkması % 100 hızı işaret eder. Veri setinin haftalık olması durumunda, katsayının 1 çıkması 1 haftalık sürede dengeye dönüşü işaret edecektir. Modelleri tek tek incelediğimizde eşbütünleşme denkleminin Türkiye, İngiltere, Rusya ve ABD hisse senetleri piyasaları üzerine herhangi bir etkisinin olmadığı sonucuna varılmıştır. Hata düzeltme katsayısının istatistiki olarak anlamlı bulunmadığı veya pozitif olduğu ülkeler için eşbütünleşim denkleminde işaret edilen dengenin kalıcı olmadığı sonucuna varılmıştır.[173]

Borsalar arasındaki uzun dönem eşbütünleşmenin Alman Borsası üzerine etkisi, istatistiki olarak anlamlı ve negatif yönlüdür. Katsayı -0,010849'dur. Bu değer eşbütünleşik dengeye dönüşün çok yavaş olacağını göstermektedir. İtalya Borsası da eşbütünleşme denkleminden etkilenmektedir. Uzun dönemli ve istatistiki olarak anlamlı bir ilişki söz konusudur. Katsayı değeri -0,012533, uzun vadede denge değerine yaklaşımı göstermektedir. Dengeye dönüş hızı oldukça yavaştır. Dengeye dönüş (1/0,012533) 79 haftada gerçekleşmektedir. Fransa'nın ve Japonya'nın eşbütünleşme denklemi katsayıları istatistikî olarak anlamlı ve negatiftir. Bu katsayılar da dengeden uzaklaşmayı değil dengeye doğru dönüşü işaret eder. Sırasıyla Fransa'nın katsayısı -0,010427 ve Japonya'nın katsayısı -0,01406'dır. Bu iki katsayının da ortak noktası çok küçük değerler olmalarıdır. Yani dengeye dönüş çok yavaş gerçekleşmektedir. Kanada için model katsayısı istatistiki olarak anlamlı fakat pozitiftir. 0,010526 katsayısı dengeye dönüşü değil dengeden uzaklaşmayı işaret eder.

---

[172] Çelik, *a.g.t.*, s. 72.

[173] Çelik, *a.g.t.*, s. 74.

6.5.2.5.Tanısal Sınama Testleri (Residual Diagnostics)

Vektör hata düzeltme modeliyle ortaya koyduğumuz sonuçların kabul edilebilir olması için, modelin artıklarının normal dağılması, otokorelasyona sahip olmaması ve değişen varyans problemi olmaması gerekmektedir. Tanısal sınama testleri adı verilen bu testler yapılmış ve sonuçları Çizelge 6-21'de sunulmuştur. Normal dağılım için Jarque-Bera test istatistiği, otokorelasyon için Breusch-Godfrey LM testi ve değişen varyans için Obs*R-squared istatistiği hesaplanmış ve % 5 düzeyinde Probability değerleri bulunmuştur.

Çizelge 6-21 Tanısal Sınama Test Sonuçları

	Normal Dağılım		**Breusch-Godfrey Otokorelasyon LM Testi**		**Değişen Varyans (Heteroskedasticity)**	
	Jarque-Bera	**Prob.**	**Obs*R-squared**	**Prob.**	**Obs*R-squared**	**Prob.**
D(IMKB100)	4,687	0,096*	1,647	0,199*	30,938	0,191*
D(DAX)	3,893	0,143*	0,685	0,408*	33,211	0,126*
D(MIB)	21,742	0,000	3,444	0,063*	27,173	0,347*
D(FTSE100)	5,884	0,053*	0,995	0,319*	24,59	0,486*
D(CAC40)	3,104	0,212*	1,178	0,278*	29,655	0,237*
D(MICEX)	18,787	0,000	0,852	0,356*	24,725	0,478*
D(NIKKEI225)	3,909	0,141*	0,123	0,725*	42,14	0,017**
D(SP500)	1,282	0,527*	1,114	0,291*	22,982	0,578*
D(TSX)	4,421	0,110*	0,138	0,710*	26,423	0,385*
* %5 anlamlılık düzeyinde						
** %1 anlamlılık düzeyinde						

Burada sınadığımız hipotezler sırasıyla **normal dağılım için**;

H_0: Artıklar (residuals) normal dağılmaktadır.

H_a: Artıklar (residuals) normal dağılmamaktadır.

Bilindiği gibi analiz sırasında 9 farklı model oluşturulmuştur. Borsa endekslerinin her biri sırayla bağımlı değişken olarak incelenmiştir. Bu modellerden Türkiye, Almanya, İngiltere, Fransa, Japonya, ABD ve Kanada borsalarının bağımlı değişken olarak ele alındığı modellerde, H_0 hipotezi % 5 düzeyinde reddedilememiş yani kabul edilmiştir. Modelin artıkları normal dağılmaktadır. İki modelde; İtalya ve Rusya'nın bağımlı değişken olduğu modellerin artıklarının normal dağılım göstermediği tespit edilmiştir.

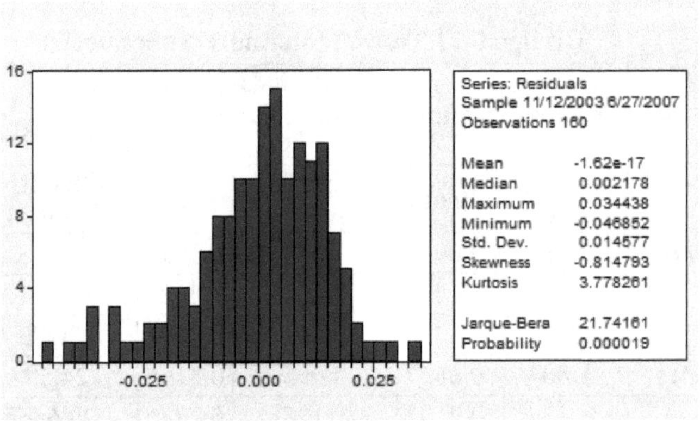

Şekil 6-2 MIB endeksi normal dağılım grafiği

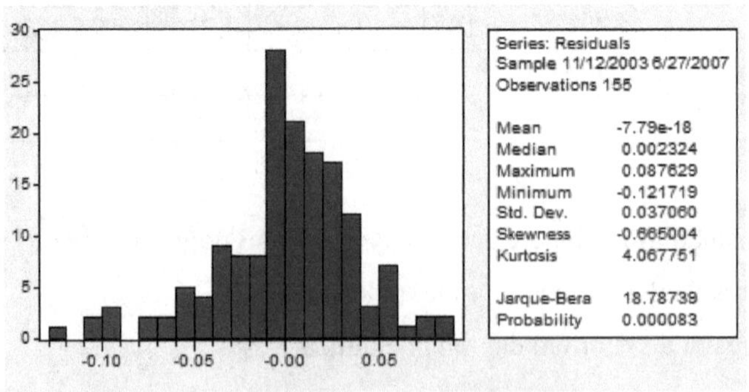

Şekil 6-3 MICEX endeksi normal dağılım grafiği

Otokorelasyon için:

H_0: Artıklar (residuals) otokorelasyona sahip değildir.

H_a: Artıklar (residuals) otokorelasyona sahiptir.

Tüm modeller için Breusch-Godfrey test istatistiği hesaplanmış ve % 5 anlamlılık düzeyinde H_0 hipotezi reddedilememiştir. Yani seriler otokorelasyona sahip değildir.

Değişen Varyans için:

H_0: Artıklarda (residuals) değişen varyans problemi yoktur. Artıklar Homoskedastiktir.

H_a: Artıklarda (residuals) değişen varyans problemi vardır. Artıklar Heteroskedastiktir.

Çizelge 6-21'e göre tüm modellerin artıklarında değişen varyans problemi yoktur.

Tüm modellerde otokorelasyon ve değişen varyans problemi yoktur. Artıkların normal dağılıp dağılmadıkları incelendiğinde sadece iki modelin normal dağılımlarında istenmeyen bir durum görülmektedir. MIB ve MICEX'in bağımlı değişken olduğu modellerde artıklar normal dağılmamaktadır. MIB ve MICEX dışında tüm modellerin artıkları normal dağılım göstermektedir. Elde ettiğimiz sonuçlar modellerin sonuçlarına güvenebileceğimizi göstermektedir.

6.5.3. Türkiye ve Diğer Ülke Borsaları Arasında İkili Eşbütünleşme Analizi

Araştırmanın bu aşamasında Türkiye ve diğer ülke borsalarının endekslerine, Türkiye'nin bağımlı değişken diğer ülkelerin ise birer birer bağımsız değişken olarak ele alındığı ikili analizlerle devam edilecektir. Burada amaç Türk borsası ve diğer ülke borsaları arasında ikili eşbütünleşme olup olmadığının incelenmesidir.

Çizelge 6-22 Türkiye ve Diğer Ülkeler Arasında İkili Eşbütünleşme Analizi. 2003-2007 Arası Haftalık Veriler

Borsa İstanbul ve Diğer Borsalar Veri Seti: Haftalık Çarşamba Kapanış LN Veri Aralığı: 2003 - 2007				
Bağımlı Değişken	**Bağımsız Değişken**	**Durağanlaştıkları Seviye Bağımlı D. - Bağımsız D.**	**VAR Gecikme Sayısı Düzey Değerleri**	**Eşbütünleşik Denklem**
İMKB100	DAX	1-1	1	Yok
İMKB100	MIB	1-1	1	Yok
İMKB100	FTSE100	1-1	7	Yok
İMKB100	CAC40	1-1	3-1	Yok-Yok
İMKB100	MICEX	1-1	1	Yok
İMKB100	NIKKEI225	1-1	1	Yok
İMKB100	SP500	1-1	2	Yok
İMKB100	TSX	1-1	4-1	Yok-Yok

Çizelge 6-22'de İMKB100 bağımlı değişken diğer endeksler sırayla bağımsız değişken olarak kabul edilip modeller oluşturulmuştur. Veri aralığı bir önceki bölümde ele aldığımız uç değerlerin veri setinden çıkarıldığı dönemi kapsamaktadır. Öncelikli olarak birim kök testleri yapılmıştır. Her iki serinin de birinci farklarının durağanlaştığı görülmektedir. Daha sonra Var gecikme sayısı tespit edilmiş ve eşbütünleşme testine geçilmiştir. İMKB100 ile diğer endeksler arasında yapılan ikili analizlerin hiçbirinde eşbütünleşik vektöre rastlanmamıştır.

Çizelge 6-23 Türkiye ve Diğer Ülkeler Arasında İkili Eşbütünleşme Analizi. 2003-2012 Arası Günlük Veriler

Borsa İstanbul ve Senkronize İşlem Gören Diğer Borsalar Veri Seti: Günlük Kapanış LN Veri Aralığı: 2003 - 2012				
Bağımlı Değişken	**Bağımsız Değişken**	**Durağanlaştıkları Seviye Bağımlı D. - Bağımsız D.**	**VAR Gecikme Sayısı Düzey Değerleri**	**Eşbütünleşik Denklem**
İMKB100	DAX	1-1	7	Yok
İMKB100	MIB	1-1	7	Yok
İMKB100	FTSE100	1-1	7	Yok
İMKB100	CAC40	1-1	5	Yok
İMKB100	MICEX	1-1	1	Yok

Çizelge 6-23'te Türkiye ile büyük bir oranla eş zamanlı çalışan Almanya, İtalya, İngiltere, Fransa ve Rusya borsaları arasında eşbütünleşme analizi sonuçları sunulmuştur. Veri seti, borsalar eş zamanlı çalıştığı için, günlük verilerden oluşturulmuştur. Veriler 2003 ile 2012 yılları arasını kapsamaktadır. Birim kök testleri ve Johansen eşbütünleşme testi sonuçlarına göre Türkiye ve diğer ülkeler arasında herhangi bir eşbütünleşme denklemine rastlanmamıştır.

Çizelge 6-24 Türkiye ve Diğer Ülkeler Arasında İkili Eşbütünleşme Analizi. 2003-2012 Arası Haftalık Veriler

Borsa İstanbul ve Diğer Borsalar Veri Seti: Haftalık Çarşamba Kapanış LN Veri Aralığı: 2003 - 2012				
Bağımlı Değişken	**Bağımsız Değişken**	**Durağanlaştıkları Seviye Bağımlı D. - Bağımsız D.**	**VAR Gecikme Sayısı Düzey Değerleri**	**Eşbütünleşik Denklem**
İMKB100	DAX	1-1	2	Yok
İMKB100	MIB	1-1	1	Yok
İMKB100	FTSE100	1-1	2	Yok
İMKB100	CAC40	1-1	2-1	Yok-Yok
İMKB100	MICEX	1-1	8-1	Yok-Yok
İMKB100	NIKKEI225	1-1	2-1	Yok-Yok
İMKB100	SP500	1-1	2	Yok
İMKB100	TSX	1-1	9-2	Yok-Yok

Çizelge 6-24'te İMKB100 bağımlı değişken diğer endeksler sırayla bağımsız değişken olarak kabul edilip modeller oluşturulmuştur. Veri seti 2003 ile 2012 yılları arası haftalık Çarşamba kapanış verilerinden oluşmaktadır. Öncelikli olarak birim kök testleri yapılmıştır. Her modelde iki serinin de birinci farklarının durağanlaştığı görülmüştür. Daha sonra Var gecikme sayısı tespit edilmiş ve eşbütünleşme testine geçilmiştir ve analizlerin hiçbirinde eşbütünleşik vektöre rastlanmamıştır.

Çizelge 6-25 Türkiye ve Diğer Ülkeler Arasında İkili Eşbütünleşme Analizi. 2009-2011 Arası Haftalık Veriler

Borsa İstanbul ve Diğer Borsalar Veri Seti: Haftalık Çarşamba Kapanış LN Veri Aralığı: 2009 - 2011				
Bağımlı Değişken	**Bağımsız Değişken**	**Durağanlaştıkları Seviye Bağımlı D. - Bağımsız D.**	**VAR Gecikme Sayısı Düzey Değerleri**	**Eşbütünleşik Denklem**
İMKB100	DAX	1-1	2-1	Yok-Yok
İMKB100	MIB	1-1	1	Yok
İMKB100	FTSE100	1-1	2-1	Yok-Yok
İMKB100	CAC40	1-1	3	Yok
İMKB100	MICEX	1-1	1	Yok
İMKB100	NIKKEI225	1-1	1	Yok
İMKB100	SP500	1-1	1	Yok
İMKB100	TSX	1-1	3-1	Yok-Yok

Çizelge 6-25'te kriz sonrası dönem ele alınmıştır. Veri setleri haftalık Çarşamba kapanış verilerinden oluşmaktadır ve 2009-2011 yılları arasını kapsamaktadır. Yapılan analizler sonrasında Türkiye ile diğer ülkeler arasında herhangi bir eşbütünleşme denklemine rastlanmamıştır.

GENEL DEĞERLENDİRME VE SONUÇ

Araştırmanın birinci bölümünde Türkiye ve G-8 ülkelerinin menkul kıymet borsaları ile ilgili genel bilgilere yer verilmiştir. Borsaların ortaya çıkışından günümüze kadar olan süreçte nasıl bir gelişim izledikleri anlatılmıştır. Araştırmaya konu olan borsaların toplam piyasa değerleri, borsalarda işlem gören şirket sayıları, borsaların yıllık toplam işlem hacimleri, borsaların günlük ortalama işlem hacimleri, borsaların ortalama işlem değerleri, borsaların yıl bazında işlem günleri, borsaların bulundukları şehirler ve işlem saatleri, borsalarda takas süreleri ve takas kuruluşları, borsalar arasındaki saat farkları ve menkul kıymet borsalarına kote olma şartları birinci bölümde ortaya konmuştur. 2011 yılı verilerine göre ülke bazında borsa şirketlerinin piyasa değeri açısından en yüksek ülke 15.640 milyar $ ile ABD ilk sırada yer alırken, Japonya 3540 milyar $ ile ikinci sıradadır. Türkiye ise 201 milyar $ piyasa değerine sahiptir.

2011 sonu itibarıyla toplamda en çok şirket 3945 ile Kanada'da TMX Grup bünyesinde yer almaktadır. Kanada'yı 2886 şirket ile İngiltere ve 2308 şirket ile ABD takip etmektedir. Bu tabloda son sırayı 284 şirkte ile Rusya alırken, Türkiye'de 363 şirket Borsa İstanbul bünyesinde işlem görmektedir. Borsaların yıllık toplam işlem hacimlerinde ilk sırayı NYSE Euronext alırken, ikinci sırada Tokyo Hisse Senetleri Borsası ve Londra Hisse Senetleri Borsası takip etmektedir. G-8 ülkeleri ve Türkiye arasından en yüksek ortalama işlem değerine sahip borsa Deutsche Börse'dır. Araştırmaya dahil edilen borsalardan Tokyo Borsası'nda işlemler GMT'ye göre 00:00'da başlayıp diğer borsalar çalışmaya başlamadan yine GMT'ye göre 05:00'da bitmektedir. MICEX, Borsa İstanbul, Borsa İtaliana, Deutsche Börse, NYSE Euronext Paris ve Londra Hisse Senetleri Borsası en az 5 saat birbiriyle senkronize olarak işleme açıktır. Bu borsaların kapanış saatlerine yakın bir zamanda da NYSE Euronext ve TMX Grup Borsaları işleme başlamaktadır.

İkinci bölümde uluslararası borsalar arasındaki etkileşime sebep olan faktörler tespit edilmiştir. Dünya'da 2011 yılında küresel doğrudan yabancı yatırımlar 1,5 trilyon $'a ulaşmıştır. 2013 yılında 1,8 ve 2014 yılında 1,9 trilyon $'a yükseleceği tahmin edilmektedir. Ayrıca küresel fon yönetim endüstrisinin idaresinde bulunan uluslararası emeklilik fonları, sigorta fonları ve yatırım fonlarının 2011 yılı itibarıyla toplam değeri, bir önceki yıla göre % 1 artarak 79,8 trilyon $ olarak gerçekleşmiştir. Küresel yatırımların bu ölçüde büyüdüğü günümüzde borsaların birbirinden etkilenmesine etken faktörler araştırılmıştır. Bu faktörler; para ve sermaye piyasalarının liberalleşmesi ve globalleşmesi, iletişim ve ulaşım olanaklarının gelişmesi, bilgi teknolojilerindeki gelişmeler, para ve sermaye piyasalarındaki kısıtlamaların gevşetilmesi ve uluslararası ticaretin artışı olarak karşımıza çıkmaktadır.

Uluslararası borsalarda birleşme eğilimleri çalışmamızın üçüncü bölümünde ele alınmıştır. Borsalar 1990'lı yıllardan bu yana geleneksel kooperatif benzeri yapılardan uzaklaşıp kâr amaçlı şirketler haline gelmişlerdir. Dünün borsaları; sınırlı alternatif işleme olanak sağlayan, açık müzayede yoluyla alım-satım yapılan, kâr amacı gütmeyen ulusal kuruluşlarken, bugün borsalar birçok işleme olanak sağlayan, elektronik işlem platformlarına sahip, halka açık, kâr odaklı uluslararası ortaklıklara dönüşmektedir. Dünya'da son yıllarda borsa birleşmeleri incelendiğinde en önemli olanlar; New York Stock Exchange Euronext, Londra Hisse Senetleri Borsası Grubu, Chicago Merchandise Exchange Grubu, Deutsche Börse Grubu, NASDAQ OMX, Japon Borsası Grubu, BM&F – BOVESPA, Orta ve Doğu Avrupa Borsası Grubu, Moskova Borsası ve Borsa İstanbul şeklindedir.

Araştırmanın ampirik uygulama aşamasında G-8 ülkeleri ve Türkiye'den borsa endeksleri kullanılmıştır. Türkiye'den Borsa İstanbul İMKB100 endeksi, Japonya'dan Tokyo Borsası NIKKEI225 endeksi, Rusya'dan Moskova Borsası MICEX endeksi, İtalya'dan Borsa İtaliana MIB endeksi, Almanya'dan Frankfurt

Borsası DAX endeksi, Fransa'dan Euronext Paris Borsası CAC40 endeksi, İngiltere'den Londra Hisse Senetleri Borsası FTSE100 endeksi, ABD'den New York Borsası S&P 500 endeksi ve Kanada'dan Toronto Hisse Senetleri Borsası TSX Composite endeksi analize dahil edilmiştir. Veri seti 2003 ve 2012 yılları arasını kapsayan haftalık ve günlük endeks kapanış verilerinden oluşmaktadır. Uygulama aşamasında ana hatlarıyla 4 analiz gerçekleştirilmiştir. Birinci bölümde endekslerin 2003 ile 2012 yıllarını kapsayan haftalık Çarşamba kapanış verilerine birim kök testleri uygulanmıştır. Hem sabitli hem de sabitli trendli Genişletilmiş Dickey Fuller ve Phillips Perron testleri sonucu serilerin düzey değerlerinde durağan olmadıkları ama tüm serilerin birinci farklarında durağanlaştıkları gözlenmiştir. Ardından Johansen eşbütünleşme testi için gecikme sayısı belirlenmiş ve seriler arasında eşbütünleşme ilişkisi olup olmadığının tespit edilmesi için Johansen Eşbütünleşme testi gerçekleştirilmiş ve bir eşbütünleşik vektöre rastlanmıştır.

Buradan Vektör Hata Düzeltme Modeline geçilerek eşbütünleşme testinde ortaya konan hata terimi iki gecikme ile modele ilave edilmiştir. Bu modellerde yer alan katsayıların istatistikî olarak anlamlı olup olmadıkları test edilmiştir. Her bir endeksin bağımlı değişken ve diğer endekslerin bağımsız değişkenler olarak yer aldığı modellerin istatistikî olarak anlamlı kabul edilebilmesi için tanısal sınama testleriyle modellerin artıklarının, normal dağılım gösterip göstermediğine, otokorelasyona sahip olup olmadığına ve değişen varyans problemi olup olmadığına bakılmıştır. Serilerin normal dağılmadığı, otokorelasyona sahip olduğu ve heteroskedasticity problemine sahip olduğu tespit edilerek sonuçlarına tam olarak güvenemeyeceğimiz belirlenmiştir.

Tanısal sınama testlerinde gözlenen istenmeyen durumun zaman serisinde meydana gelen kırılmadan kaynaklanabileceğini düşünerek 2008 ABD krizinin etkilerinin hissedildiği tarihler için yapay değişken eklenmiş ve krizin borsalar üzerine etkisi olup olmadığı tespit edilmiştir. Yapay değişkenin Almanya, İtalya,

İngiltere ve Japonya'nın eşbütünleşme denklemleri üzerindeki etkisi, ayrıca Japonya ve Kanada üzerinde de kısa vadeli etkisi belirlenmiştir.

Bu aşamadan sonra zaman serilerinde kriz ve sonraki süreçte tespit edilen uç değerler veri setinden çıkartılmış analiz tekrar gerçekleştirilmiştir. Birim kök testleri yapılmış ve tüm serilerin düzey değerlerinin durağan olmadığı ve birinci fark değerlerinin durağanlaştığı tespit edilmiştir. Böylece Johansen Eşbütünleşme testi varsayımı gerçekleşmiş ve serilerin doğal logaritma değerlerine eşbütünleşme testi uygulanmıştır. 1 eşbütünleşik vektör tespit edilmiştir. Bu vektöre göre İMKB100 endeksi ile DAX Endeksi (Almanya) ve MIB Endeksi (İtalya), arasında doğrusal bir ilişki söz konusudur. Yani İMKB100 endeksi artarken DAX ve MIB endeksleri de artmaktadır, İMKB100 düşerken DAX ve MIB da düşmektedir. Diğer taraftan İMKB100 ile FTSE100 Endeksi (İngiltere), CAC40 Endeksi (Fransa), MICEX Endeksi (Rusya), NIKKEI225 Endeksi (Japonya), S&P500 Endeksi (ABD) ve TSX Endeksi arasında doğrusal olmayan bir ilişki söz konusudur. İMKB100 artarken bu endeksler düşmektedir veya İMKB100 düşerken bu endeksler yükselmektedir. Daha sonra Vektör Hata Düzeltme Modeline geçilmiştir. Bu modelin sonuç tablosunda bulduğumuz katsayılar bize borsa endeksleri arasında fiyat dengesizlikleri oluştuğunda bunların kısa süreli ve uzun süreli ilişkilerinin ne kadar hızla dengeye geldiğini ve dengeden uzaklaştığını gösterir. Yapılan analiz sonucunda borsalar arasında kısa vadeli bir ilişki tespit edilememiştir. Çünkü Var Gecikme Sayısı Belirleme Kriter Tablosu analiz için gecikmeli veri kullanılmayacağını işaret etmiştir. Zaman serisinin birim aralığı hafta ise katsayının negatif, istatistikî olarak anlamlı ve 1 (veya daha büyük) çıkması bağımsız değişken olan endekste meydan gelen değişimin bağımlı değişken olan endeks tarafından % 100 hızla yani 1 hafta içerisinde çok hızlı bir biçimde dengeye getirileceğini ifade eder.

Borsalar arasındaki uzun dönem eşbütünleşmenin Alman Borsası üzerine etkisi, istatistikî olarak anlamlı ve negatif yönlüdür. Katsayı -0,010849'dur. Bu değer eşbütünleşik dengeye dönüşün çok yavaş olacağını göstermektedir. İtalya Borsası da eşbütünleşme denkleminden etkilenmektedir. Uzun dönemli ve istatistikî olarak anlamlı bir ilişki söz konusudur. Katsayı değeri -0,012533, uzun vadede denge değerine yaklaşımı göstermektedir. Dengeye dönüş hızı oldukça yavaştır. Fransa'nın ve Japonya'nın eşbütünleşme denklemi katsayıları istatistikî olarak anlamlı ve negatiftir. Bu katsayılar da dengeden uzaklaşmayı değil dengeye doğru dönüşü işaret eder. Sırasıyla Fransa'nın katsayısı -0,010427 ve Japonya'nın katsayısı -0,01406'dır. Bu iki katsayının da ortak noktası çok küçük değerler olmalarıdır. Yani dengeye dönüş çok yavaş gerçekleşmektedir. Kanada için model katsayısı istatistiki olarak anlamlı fakat pozitiftir. 0,010526 katsayısı dengeye dönüşü değil dengeden uzaklaşmayı işaret eder.

Eşbütünleşme denkleminin Türkiye, İngiltere, Rusya ve ABD hisse senetleri piyasaları üzerine herhangi bir etkisinin olmadığı sonucuna varılmıştır. Bilindiği gibi hata düzeltme katsayısının istatistikî olarak anlamlı bulunmadığı veya pozitif olduğu ülkeler için eşbütünleşim denkleminde işaret edilen denge kalıcı değildir.

Tanısal sınama test sonuçlarına göre tüm modellerde otokorelasyon ve değişen varyans problemi yoktur. Artıkların normal dağılıp dağılmadıkları incelendiğinde sadece iki modelin normal dağılımlarında istenmeyen bir durum görülmektedir. MIB ve MICEX'in bağımlı değişken olduğu modellerde artıklar normal dağılmamaktadır. MIB ve MICEX dışında tüm modellerin artıkları normal dağılım göstermektedir. Elde ettiğimiz sonuçlar modellerin sonuçlarına güvenebileceğimizi göstermektedir.

Son olarak ikili eşbütünleşme testleri gerçekleştirilmiştir. Farklı zaman kesitlerinde, haftalık ve günlük verilerle yapılan ikili eşbütünleşme testleri sonucunda Türkiye ile diğer ülkeler arasında herhangi bir eşbütünleşme ilişkisine rastlanmamıştır. Bu noktada Türkiye'nin diğer ülkelerden ayrıştığı tespit edilmiştir.

Bu çalışma ile gelişmiş ülke borsaları ve Borsa İstanbul'u içine alan bir çalışma literatüre kazandırılmak istenmiştir ayrıca Dünya'da gerçekleşen borsa entegrasyonları ortaya konmuş ve bu oluşumlarla ilgili detay bilgilere yer verilmiştir. Uluslararası sermaye piyasaları arasında dolaşan fonların yönü ile ilgili sonuçlara ulaşılmaya çalışılmıştır. Ayrıca bu çalışmanın uluslararası yatırımcılara portföylerine ekleyecekleri yatırım araçlarının çeşitlendirilmesi noktasında fikir verebileceği düşünülmektedir. Borsa endeksleri analiz edildiğinde eşbütünleşme tespit edilirse, borsalar arasında portföy çeşitlendirmesinin ve arbitraj imkanının olmadığı ortaya çıkmaktadır. Borsalar arasında eşbütünleşme yoksa portföy çeşitlendirmesi ve arbitraj imkanı vardır. Ülke borsaları yerel faktörlerden daha çok küresel faktörlerden etkilenmeye başladığında, yatırımcılar ülke bazlı çeşitlendirmeden daha çok sektör bazlı çeşitlendirmeye kayacaklardır.

KAYNAKLAR

Kitaplar

Alexander, C., (2001), *Market Models: A Guide to Financial Data Analysis,* Wiley.

Bozkurt, H., (2007), *Zaman Serileri Analizi*, Bursa, Ekin Kitabevi.

Cerny, A., (2004), *Stock Market Integration and the Speed of Information Transmission,* Charles University Center for Economic Research and Graduate Education Academy of the Czech Republic Economics Institute.

Civan, M., (2007), *Sermaye Piyasası Analizleri ve Portföy Yönetimi*, Ankara, Gazi Kitabevi.

Gujarati, D., (2006), *Temel Ekonometri*, İstanbul, Literatür Yayıncılık.

İMKB, (2008), *Borsa Temel Bilgiler Kılavuzu,* İstanbul, İMKB Yayınları.

Quantitative Micro Software, (2004), *Eviews 5 User's Guide*, USA.

Sevüktekin M.,–Nargeleçekenler, M., (2007), *Ekonometrik Zaman Serileri Analizi,* Ankara, Nobel Yayın Dağıtım.

Şıklar, E., (2000), *Eşbütünleşme Analizi ve Türkiye'de Para Talebi,* Eskişehir, Anadolu Üniversitesi Yayınları.

Tarı, R., (2007), *Ekonometri*, İstanbul, Avcı Ofset.

Valadkhani, A.–Chancharat, S.–Havie, C., (2006), The *Interplay between the Thai and Several Other International Stock Markets,* University of Wollongong Economics Working Paper Series.

Makaleler

Aaltonen, J.–Östermark, R., (1997), "A Rolling Test of Granger Causality Between the Finnish and Japanese Security Markets", *Omega The International Journal of Management Science,* ss. 635-642.

Adrian ve Darnel'den aktaran Mucuk, M–Alptekin, V., (2008), "Türkiye'de Vergi ve Ekonomik Büyüme İlişkisi: VAR Analizi (1975 - 2006)", *Maliye Dergisi*, ss. 160-174.

Ahlgren, N.-Antell, J., (2010), "Stock market linkages and financial contagion: A cobreaking analysis", *The Quarterly Review of Economics and Finance,* ss. 157-166.

Akar, C., (2008), "Gelişmekte Olan Piyasalarda Volatilitenin Charma ile Modellenmesi: Türkiye Örneği", *Bandırma İİBF Yönetim ve Ekonomi Araştırmaları Dergisi*, ss. 53-62.

Aktar, İ., (2009), "Is there any Comovement Between Stock Markets of Turkey, Russia and Hungary?", *International Research Journal of Finance and Economics,* ss. 192-200.

Alexander, C., (1999), "Correlation and Cointegration in Energy Markets", *ISMA Centre Risk Publications,* ss. 2-27.

Alexander, C.–Giblin, I.–Weddington, W., (2002), "Cointegration and Asset Allocation: A New Active Hedge Fund Strategy", *Financial Risk and Financial Risk Management*, ss. 65-89.

Alexander, C.-Thillainathan, R., (1995), "The Asian Connection", *Emerging Market Investor,* ss. 42-47.

Al-Fayoumi, N.–Khamees, B.–Al-Thuneibat, A., (2009), "Information Transmission among Stock Return Indexes:Evidence from the Jordanian Stock Market", *International Research Journal of Finance and Economics,* ss. 194-208.

Al-Halalmeh, M.-Sayah, A., (2010), "Impact of Foreign Direct Investment on Shares Market Value in Amman Exchange Market", *American Journal of Economics and Business Administration,* ss. 35-38.

Bahng, S.-Shin, S., (2004), "Interactions of stock markets within the greater China economic bloc", *Global Economic Review,* ss. 43-60.

Becker, K.–Finnerty, J.–Gupta, M., (1990), "The Intertemporal Relation Between the U.S. and Japanese Stock Markets", *The Journal of Finance*, ss. 1297-1306.

Beine, M.–Blancard, G.–Raymond, H., (2008), "Nonlinear Causality between Stock Markets", *The European Journal of Finance International,* ss. 299-312.

Beine, M.–Candelon, B., (2011), "Liberalisation and stock market co-movement between emerging economies", *Quantitative Finance,* ss. 663-686.

Berument, H.–İnce, O., (2005), "Effect of S&P500's Return on Emerging Markets: Turkish Experience", *Applied Financial Economics Letters,* ss. 59-64.

Bessler, D.–Yang, J., (2003), "The Structure of Interdependence in International Stock Markets", *Journal of International Money and Finance,* ss. 261-287.

Bildik, R., (2004), "Are Calendar Anomalies Still Alive? Evidence from Istanbul Stock Exchange", *SSRN Electronic Library ID-598904.*

Cha, B.–Oh, S., (2000), "The relationship between developed equity markets and the Pacific Basin's emerging equity markets", *International Review of Economics and Finance,* ss. 299-322.

Chen, G.-Firth, M.-Rui, O., (2002), "Stock market linkages: Evidence from Latin America", *Journal of Banking & Finance,* ss. 1113-1141.

Chung, PJ.–Liu, DJ., (1994), "Common stochastic trends in Pacific Rim stock markets", *Quarterly Review of Economics and Finance*, ss. 241-259.

Click, R.–Plummer, M., (2005), "Stock market integration in ASEAN after the Asian financial crisis", *Journal of Asian Economics*, ss. 5-28.

Cross, F., (1973), "The Behaviour of Stock Prices on Fridays and Mondays", *Financial Analysts Journal*, ss. 67-69.

Darrat, A.–Benkato, O., (2003), "Interdependence and Volatility Spillovers Under Market Liberalization: The Case of Istanbul Stock Exchange", *Journal of Business Finance & Accounting,* ss. 1089-1114.

Diamandis, F. Panayiotis, (2009), "International Stock Market Linkages: Evidence from Latin America", *Global Finance Journal,* ss. 13-30.

Elmas, B.–Temurlenk, S., (2009), "Hisse Senedi Fiyatı-İşlem Hacmi Arasındaki Granger Nedensellik: İMKB'de Hisse Bazlı Bir Analiz", *10. Ekonometri ve İstatistik Sempozyumu,* ss. 1-11.

Engle, R.–Ito, T.–Lin, W., (1990), "Meteor Showers or Heat Waves? Heteroskedastic Intra-Daily Volatility in the Foreign Exchange Market", *Econometrica*, ss. 525-542.

French, K., (1980), "Stock Returns and the Weekend Effect", *Journal of Financial Economics*, ss. 55-69.

Gao, L.-Kling, G., (2005), "Calendar Effect in Chinese Stock Market", *Annals of Economics and Finance*, ss. 75-88.

Gibbons, M.–Hess, P., (1981), "Day of the Week Effects and Asset Returns", *Journal of Business*, ss. 579-596.

Hassan, T.-Nassir, A.-Mohamad, S., (2006), "The Heat Waves or Meteor Showers Hypothesis: Test on Selected Asian Emerging and Developed Stock Markets", *Investment Management and Financial Innovations*, ss. 120-131.

Hatırlı, S. A.–Öztürk, E.–Aktaş, A. R., (2008), "Fındık Piyasasında Fiyat Geçirgenliğinin Analizi", *Akdeniz Üniversitesi Ziraat Fakültesi Dergisi*, ss. 140-141.

Hsieh, K.–Hsieh, Y.–Hamori, S., (2010), "The Interdependence of Taiwanese and Japanese Stock Prices", *Munich Personal RePEc Archive,* ss. 1-14.

Karan, B.–Uygur, A., (2001), "İstanbul Menkul Kıymetler Borsası'nda Haftanın Günleri ve Ocak Ayı Etkilerinin Firma Büyüklüğü Açısından Değerlendirilmesi", *Ankara Üniversitesi SBF Dergisi*, ss.103-115.

Kasa, K., (1992), "Common stochastic trends in international stock markets", *Journal of Monetary Economics,* ss. 95-124.

Kocabıyık, T.–Derer, E.–Altunay, M. Akif, (2010), "Uluslararası Borsalarda Eşhareketlilik: ABD, İngiltere, Türkiye, Japonya, Hong Kong ve Almanya Borsaları Üzerine Ampirik Bir Çalışma", *9. Ulusal İşletmecilik Kongresi,* ss. 165-170.

Kohoneny, A., (2012), "Explaining meteor showers in stock markets: New test for transmission effects and estimation of signal-extraction model for simultaneously open markets", Department of Political and Economic Studies, University of Helsinki, and HECER, ss. 1-28.

Kwan, A.–Shim, A.–Cotsomitis, J., (1995), "The Causal Relationships between Equity Indices on World Exchanges", *Applied Economics,* ss. 33-37.

Liu, A.–Pan, M.–Shieh, J., "International Transmission of Stock Price Movements: Evidence from the U.S. and Five Asian-Pacific Markets", *Journal of Economics and Finance,* ss. 59-69.

Lu, L.-Mourdoukoutas, P., (1997), "Global Equity Market Interdependence: Tokyo versus Wall Street", *European Business Review,* ss. 259-262.

Mavrakis, E.–Alexakis, C., (2008), "Stock Markets' Linkages: An Empirical Investigation for Long-Term International Diversification Benefits", *International Research Journal of Finance and Economics*, ss. 163-178.

Narayan, P.- Smyth, R.-Nandha, M., (2004), "Interdependence and dynamic linkages between the emerging stock markets of South Asia", *Accounting and Finance*, ss. 419-439.

Pena, J., (1992), "On meteor showers in stock markets: New York vs Madrid", *Investigaciones Economicas*, ss. 225-234.

Ratanapakorn, O.–Sharma, S., (2002), "Interrelationships Among Regional Stock Indices", *Review of Financial Economics,* ss. 91-108.

Sen, S. Sankar, (2011), "Relationship Between Sensex and Some Selected Stock Price Indices of the Asia-Pacific Region", *The IUP Journal of Applied Finance,* ss. 43-53.

Seyidoğlu, H., (2003), "Uluslararası Mali Krizler, IMF Politikaları, Az Gelişmiş Ülkeler, Türkiye ve Dönüşüm Ekonomileri", *Doğuş Üniversitesi Dergisi*, ss. 142-143.

Sharkasi, A.–Ruskin, H.–Crane, M., (2004), "Interdependence between emerging and major Markets", *16th Symposium of IASC*, ss. 1-6.

Shi, J. vd., (2010), "Foreign Direct Investment and International Stock Market Integration", *Australian Journal of Management*, ss. 265-290.

Syllignakis, M.-Kouretas, G., (2010), "German, US and Central and Eastern European Stock Market Integration", *Open Economies Review,* ss. 607-626.

Tan, T. Adelaine, (2012), "Stock Market Integration: Case of the Philippines", *Philippine Management Review,* ss. 75-90.

Von Furstenberg, G.–Jeon, B., (1989), "International Stock Price Movements: Links and Messages", *Brookings Papers on Economic Activity,* ss. 125-179.

Yavuz, N. Çil, (2005), "Türkiye'de İhracat ve İktisadi Büyüme Arasında Nedensellik Analizi", *İstanbul Üniversitesi Sosyal Siyaset Konferansları,* ss. 961-972.

Tezler

Çelik, İ., (2011), "Vadeli İşlem Piyasasında Fiyat Keşfi: İzmir Vadeli İşlem ve Opsiyon Borsasında Ampirik Bir Uygulama", Süleyman Demirel Üniversitesi, Sosyal Bilimler Enstitüsü, (Doktora Tezi), Isparta.

Çelik, T., (2007), "Etkin Piyasa Hipotezi ve Gelişmekte Olan Hisse Senedi Piyasalarında Eşhareketlilik", İstanbul Teknik Üniversitesi, Sosyal Bilimler Enstitüsü, (Doktora Tezi), İstanbul.

Croci, M., (2003), "An Empirical Analysis of International Equity Market Co–Movements: Implications for Informational Efficiency", Università Politecnica Delle Marche, Dipartimento Di Economia.

İnternet Kaynakları

https://www.mkk.com.tr/wps/myportal/kyp/eVeri/UyrukBazindaHisseSenediSaklamaOranlari/, (08.12.2012).

http://deutsche-boerse.com, (14.02.2013).

http://deutsche-boerse.com/dbag/dispatch/en/kir/gdb_navigation/about_us/20_FWB_Frankfurt_Stock_Exchange, (15.12.2010).

http://deutscheboerse.com/dbg/dispatch/en/binary/gdb_content_pool/imported_files/public_files/10_downloads/33_going_being_public/10_products/055_listing_guide/Listing_Guide.pdf, (21.05.2012).

http://en.wikipedia.org/wiki/Borsa_Italiana, (26.03.2012).

http://en.wikipedia.org/wiki/Deutsche_B%C3%B6rse, (15.12.2010).

http://en.wikipedia.org/wiki/Euronext_Paris, (10.12.2010).

http://en.wikipedia.org/wiki/Frankfurt_Stock_Exchange, (15.12.2010).

http://en.wikipedia.org/wiki/London_Stock_Exchange, (30.12.2010).

http://en.wikipedia.org/wiki/Moscow_Interbank_Currency_Exchange, (25.12.2010).

http://en.wikipedia.org/wiki/New_York_Stock_Exchange, (30.12.2010).

http://en.wikipedia.org/wiki/Tokyo_Stock_Exchange, (20.12.2010).

http://en.wikipedia.org/wiki/Toronto_Stock_Exchange, (10.12.2010).

http://europeanequities.nyx.com/sites/europeanequities.nyx.com/files/getting_listed.pdf, (21.05.2012).

http://rts.micex.ru/s348, (15.02.2013).

http://tr.wikipedia.org/wiki/BM%26F_Bovespa, (15.02.2013).

http://tr.wikipedia.org/wiki/Euronext, (07.05.2012).

http://www.bmfbovespa.com.br/en-us/intros/intro-about-us.aspx?idioma=en-us, (15.02.2013).

http://www.borsaitaliana.it/borsa/azioni/tutti-gli-indici.html?lang=en, (20.12.2010).

http://www.borsaitaliana.it/speciali/regolamento/parte2/titolo22/capo1/221.en.htm, (04.06.2012).

http://www.ceeseg.com/about/history/, (15.02.2013).

http://www.euronext.com/tools/documentation/wide/documents-2086-EN.html, (10.12.2010).

http://www.imf.org/external/pubs/ft/gfsr/2012/01/, (18.02.2013).

http://www.imkb.gov.tr/AboutUs/AboutUsMain.aspx, (09.12.2010).

http://www.imkb.gov.tr/data/yonetmelikler/IMKB_Kotasyon_Yonetmeligi.pdf, (21.05.2012).

http://www.imkb.gov.tr/Libraries/Egitim_Setleri/borsalar%C4%B1n_tarihi.sflb.ashx, (06.01.2011).

http://www.imkb.gov.tr/Publications/AnnualReports.aspx, (16.12.2010).

http://www.imkb.gov.tr/Publications/Publications_Guides.aspx, (15.12.2010).

http://www.jpx.co.jp/en/general-information/history.html, (14.02.2013).

http://www.londonstockexchange.com/about-the-exchange/company-overview/company-overview.htm, (14.05.2012).

http://www.londonstockexchange.com/about-the-exchange/company-overview/our-history/our-history.htm, (31.01.2013).

http://www.londonstockexchange.com/companies-and-advisors/listing/markets/guide-to-capital-markets.pdf, (19.03.2012).

http://www.londonstockexchange.com/home/homepage.htm, (30.12.2010).

http://www.micex.com/group/profile/portrait, (25.12.2010).

http://www.micex.com/marketdata/indices/today, (25.12.2010).

http://www.nyse.com/about/listed/lcddata.html?ticker=DJI, (30.12.2010).

http://www.nyx.com//en/who-we-are/company-overview, (07.05.2012).

Kolibri 360 GmbH
Ferdinand-Jühlke-Straße 7
99095 Erfurt, Deutschland
produktsicherheit@kolibri360.de

Druck:
CPI Druckdienstleistungen GmbH
im Auftrag der
Kolibri 360 GmbH
Ferdinand-Jühlke-Str. 7
99095 Erfurt